字绘台湾

Zì Huì Tái Wān

手绘中国
Painting CHINA

徐郑冰 陈历渝 沈娟 著

长江出版传媒 湖北美术出版社

TAIWAN

前言 汉字的魅力 手绘的力量

汉字，滋育中华文明千年延绵传承。大陆与宝岛，同宗同源、同根同文，文化、艺术、设计之交往，实如细流之汇于苍茫瀚海也。

我一直有个心愿，如能汇聚两岸艺术英才，以汉字为纽带，共同创作一本以汉字为媒，字景相融，兼有汉字之美、景观之妙，生动呈现美丽宝岛的图书，这无疑将是一件有益于两岸文化交流的盛事。

契机出现在今年六月，来自宝岛的中原大学设计专业师生，来到武汉，开展学术交流活动，在接待会谈中，我将一直以来的心愿说给他们听，得到了热烈的回应。

不久，一支汇聚了台湾中原大学、湖北大学、武汉工商学院等高校四十多位青年艺术家的文创团队宣告成立。

在这个年轻又充满活力的创客团队中，有许多成员，在过去两年相继参与了《字绘武汉》《字绘上海》系列图书的创作，这套图书的出版发行，受到了世界各地读者的瞩目。在"北京国际设计周"（教育部、科技部、文化部和北京市政府共同主办）和"上海设计之都""湖北省大学生创意设计赛"等活动当中，都获得了与会者的一致好评。

在海峡两岸创客中心资深导师徐郑冰、沈娟，以及台湾中原大学艺术中心主任、博士生导师陈历渝老师的带领下，有着丰富创作经验和无限活力的创作团队，正式启动了《字绘台湾》的工作。

接下来的日子里，曾隔着一道浅浅的海峡的两岸青年创客们，俯首在汉字里，或写实，或写意，或夸张，或质朴，放飞激情，昂扬才华，隽永的汉字在他们的妙笔下，摩挲成楼宇、山川、风物、人文……台湾，在黑白纵横之间，变得灵动饱满起来。

创客们的创意不止于此，黑白汉字背后，掩藏着数字时代的神奇，字绘图文的背后是 AR/VR 虚拟现实技术，三维的立体情景，拿出手机一扫，即刻呈现于眼前，为读者献上一道精美的艺术创意视觉大餐。

这次《字绘台湾》的出版，让我开始期待未来更多海峡两岸艺术设计院校的学术合作了。

海峡两岸创客中心学术委员会主席
湖北大学艺术学院教授委员会主席 许开强

目录

地方 /1

台北 /2
台中 /4
台南 /6
新北 /8
桃园 /10
高雄 /12
基隆 /14
嘉义 /16
新竹 /18
苗栗 /20
彰化 /22
南投 /24
云林 /26
屏东 /28
宜兰 /30
花莲 /32
台东 /34
澎湖 /36
金门 /38
连江 /40

景点 /43

西门町 /44
行天宫 /48
阿里山 /52
日月潭 /56
妈祖庙 /60
八卦山 /64
三仙台 /68
龙山寺 /72
仙洞岩 /76
太鲁阁峡谷 /80
玉山 /83
垦丁 /86
阳明山 /89
台北 101 /93
台北故宫博物院 /96
爱河 /99

美食 /103

- 蚵仔煎 /104
- 担仔面 /105
- 甜不辣 /106
- 咸酥鸡 /107
- 珍珠奶茶 /108
- 卤肉饭 /109
- 太阳饼 /110
- 葱油饼 /111
- 香鸡排 /112
- 肉圆 /113
- 鱿鱼羹 /114
- 车轮饼 /115

方言 /117

- 爱拼才会赢 /118
- 有够赞 /123
- 正欸 /126
- 全台最夯 /128
- 超扯的 /132
- 真假 /135

真挚而快活的性情

地方

台北 TAI BEI

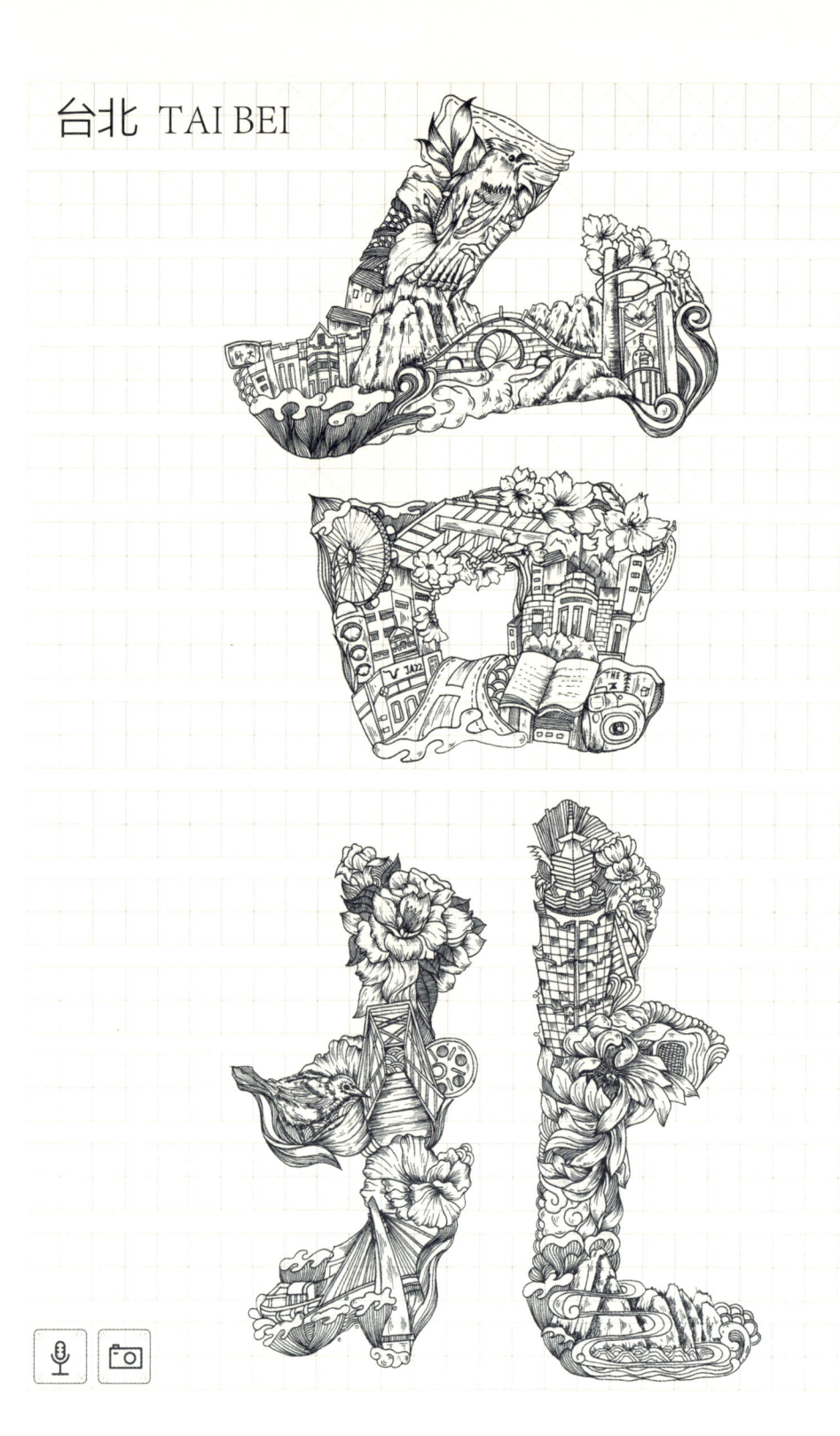

应该怎样去形容台北呢？见仁见智。老饕看到的是万国美食，文艺青年看到的是诚品敦化南路，观光客看到的是圆山饭店101，背包客看到的是最美的台北人。

台北是不会说话的，它有着大都市最为重要的品质——包容。异乡人常埋怨它的高傲，其实它只是跟你不熟罢了。自得其乐者总能在台北纵横的巷子里，找到属于自己的一隅天地，活出自己的台北风格。长住或者稍稍逗留，台北都是不错的选择。

台中　TAI ZHONG

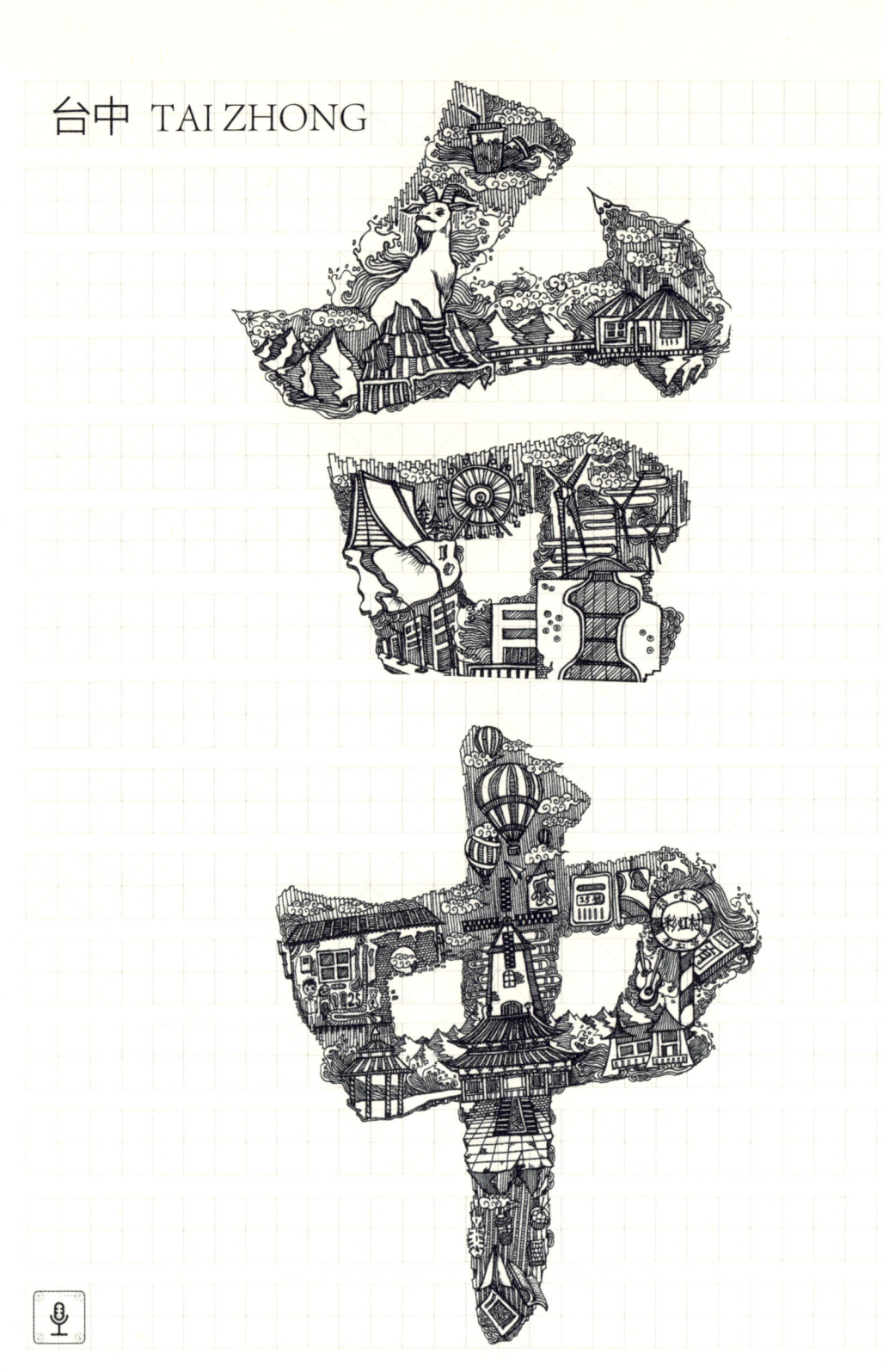

台中是个中和的地方,当台北下雨,高雄烈日的时候,台中大概会飘过几缕温润的风。在这样的好天气里,去美术馆看看最新的展览,是个会让人心灵得到升华的选择。逛了一整天,在装潢典雅的咖啡馆里吃过一顿话都不敢大声说的午餐后,夜幕降临,不妨回归真我,去逢甲夜市逛逛。来一根大肠包小肠,漫不经心地瞅瞅那些夸张的招贴标语。晚上索性住住汽车旅馆吧,看看台湾的春花秋月。

嗯,又是美好的一天。

台南 TAINAN

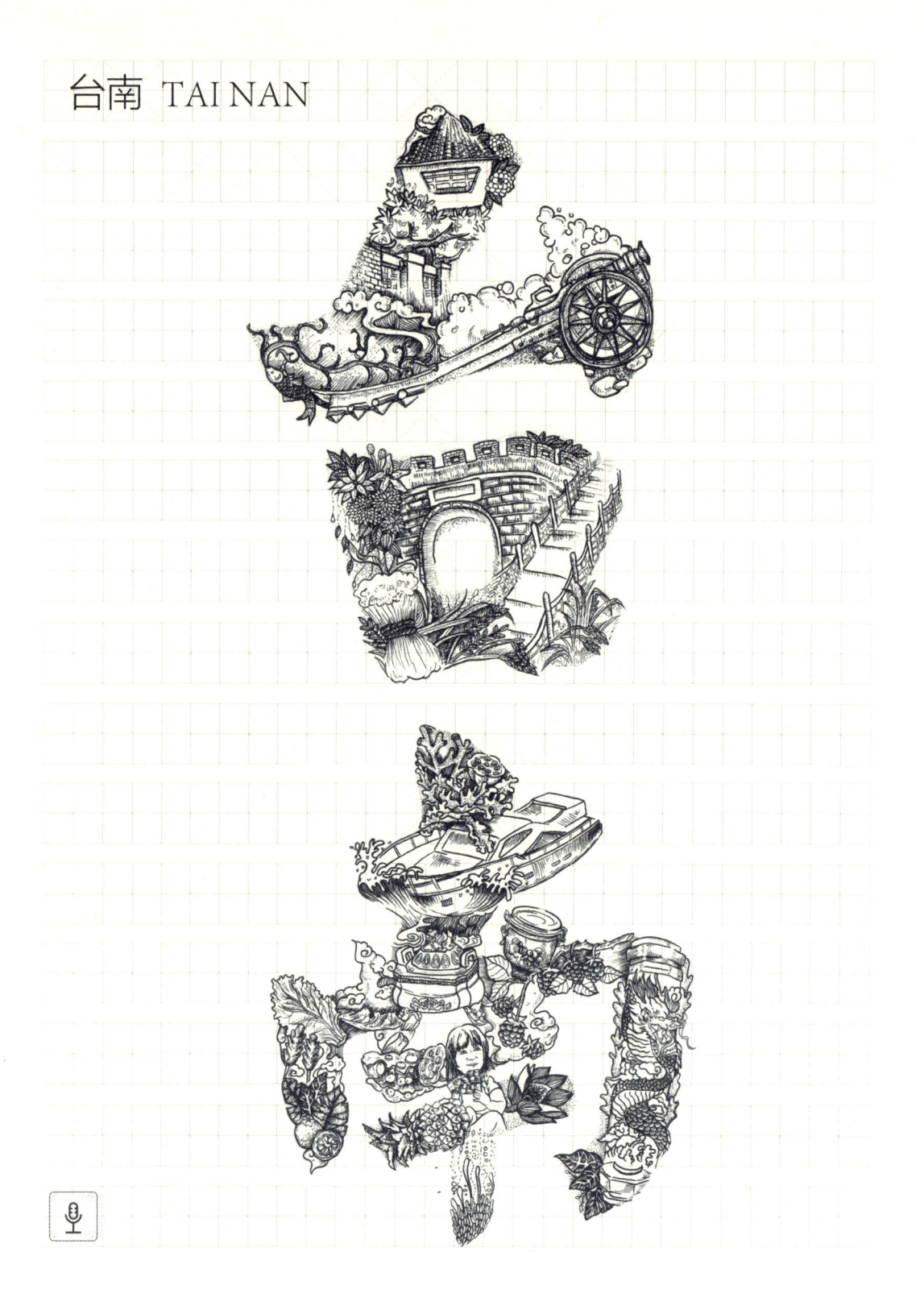

台南是适合找个泼辣市井的老婆，然后悠然过日子的好地方。

一晚香甜的美梦后，跟老婆就今天早饭吃什么的问题大吵一架，气呼呼地踱着步子，穿过台湾文学馆，看看孔庙的红墙，听听阿公阿嬷唱古老的曲调，把自己感动得不行，再看着街头的庙宇，心中琢磨着是不是要去拜拜，但又不过节，想想也就算了，但不知不觉间心已经安静了下来。在安平房前的花草间迷一段路，接着找家排队人多的店家买两份牛肉汤。你问我为什么要买两份？老婆不吃，囝仔也要吃嘛。

新北 XIN BEI

新北已经和台北连成一片，它就像台北温柔的兄长。受不了台北的冷漠骄傲，又不得不在台北打拼的人，在加完班的傍晚，穿过淡水河，就能回到温暖的家。这里常让老台北人找不到路，习惯了四平八稳的他们显然有些驾驭不了新北的曲折蜿蜒。新北还有台北没有的淡水小镇的温柔风光、十八王公庙的虔诚与情怀、野柳的海枯石烂，以及猴硐的猫咪、福隆的便当。这便是新北，跟台北一样，又不一样。

桃园 TAO YUAN

桃园是一处什么都不缺的安居之所。有人说它是小台北，是个没有台北大，没有台北繁华，也没有台北那么闹腾，但又处处跟台北脱离不了关系的地方；是个能体验台北都市生活，但又不用每天活得那么吵嚷辛苦的地方。桃园中坜则是台湾最富有东南亚风情的地方，因为东南亚劳工聚居，交通又便利，这座小镇充满了东南亚元素：印尼、泰国风味的小吃店，挂着东南亚文字的招牌，还有播放着东南亚歌曲的KTV。

当然，桃园还有不容错过的水蜜桃，以及众多富有台湾风情的历史建筑。这里真是一处好所在。

高雄 GAO XIONG

高雄是热情而快活的。在高雄，白天街上是没什么人的，不是因为多么忙碌，单纯只是怕晒而已。如果你觉得庙会很有趣，那么恭喜你，在这里你天天都会很开心，街头巷尾，总有神明在行走。学好闽南语，你就不会在高雄迷路了。学会开机车，在高雄，你慢慢也就不会走路了，高雄人，仿佛用车轮代替了双脚。自从有了驳二艺术特区，在小市民的氛围里，在古老而悠远的焦糖甜香里，高雄又多了一点阳光热血的文艺气息。

基隆 JI LONG

基隆是一座山海之城，也是一座弥散着海潮腥味的风雨之港，远处大小船只来回往还，山顶的灯塔仿佛守护的神祇，雨点拍打山石，鹰群飞翔嘶鸣，都仿佛亲人的期盼和祝福，呼唤着踏浪而去的他，能够满载而归。

嘉义 JIA YI

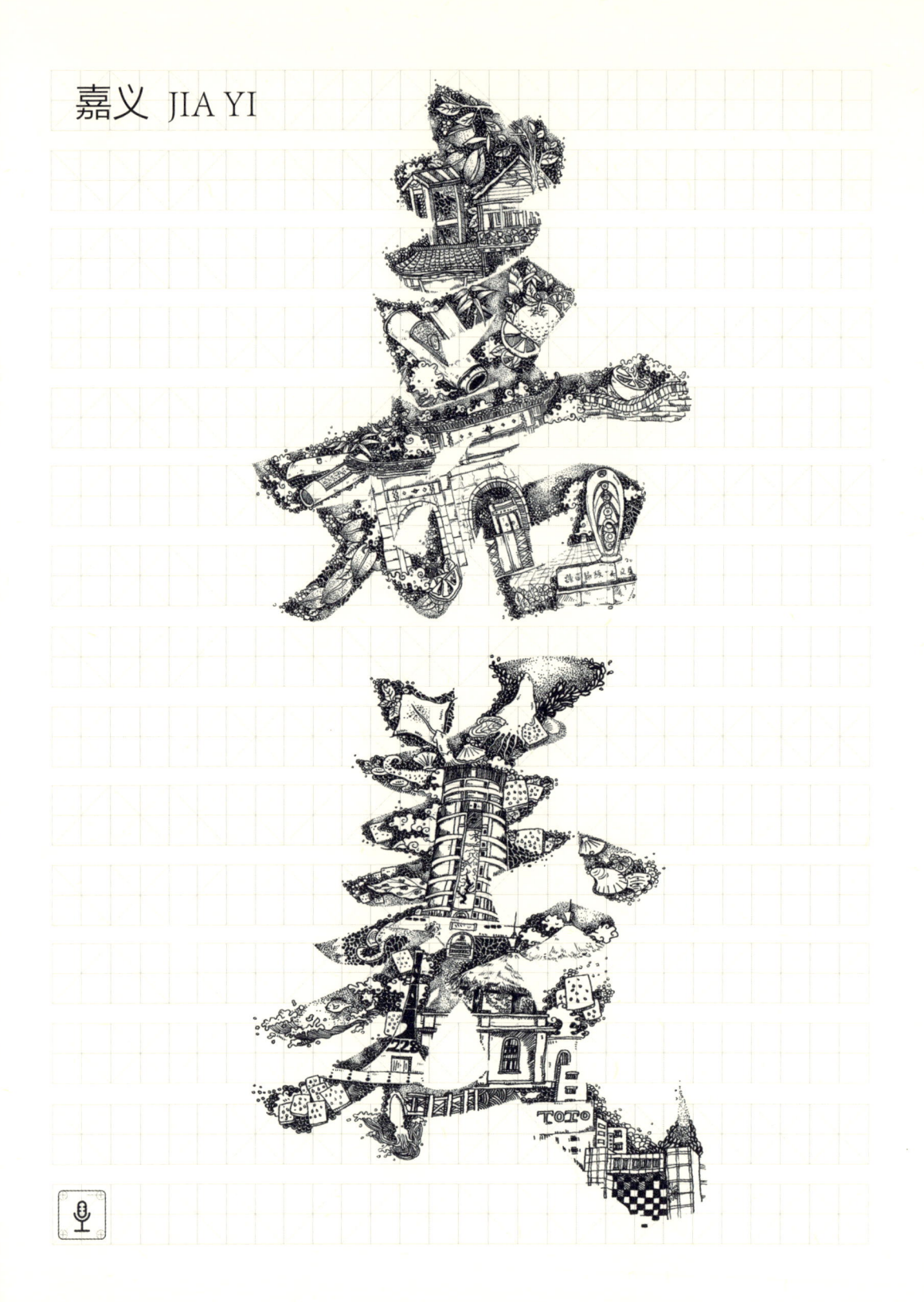

吃过火鸡肉饭，行走在嘉义街头，寻常巷陌、老树昏鸦、耕读传家，这里的一切都在试图唤醒你对家乡的回忆。眼睛闭上，心也跟着安静下来。远方，是群山环抱，无论是成熟的景区，还是等待来者一探究竟的通幽山路，在安谧的丛林之间，仿佛可以听见神木的低声呢喃，那山中人梦里的万物神灵，并没有弃我们而去，他们依旧在守护着这片山河与大海，守护着我们心灵深处的一片安宁。

新竹 XIN ZHU

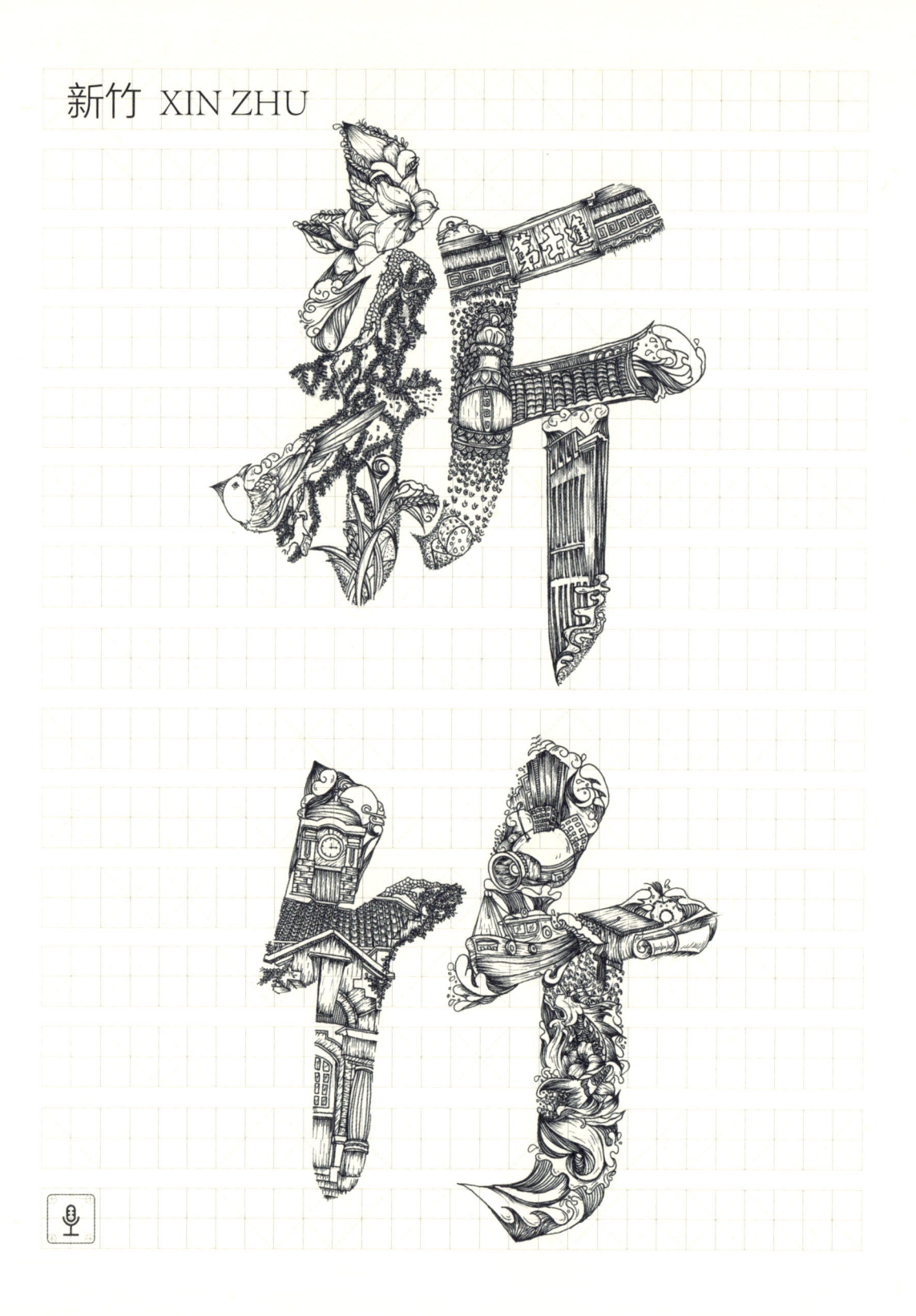

新竹不大，但却聚集着众多聪明的头脑。秋季来临，九降风从海面吹来，风干了新竹的米粉和柿子。吃着新竹米粉，走在内湾老街，依季节次第开放的山野樱、油桐花，给风之城旁的小小乡村，装点了一些古早味道和自然生动之美。看勤劳的客家人在丘陵辛勤地耕作，家中的孩子们专心地念书，这是客家人千年来传家的坚守，新竹聚居的客家人，也为身旁的科技之城，奠定了坚实的智力基础。新与旧，传统文化与高新科技，在这里自然融合，才有了我们目之所见的完整新竹。

苗栗 MIAO LI

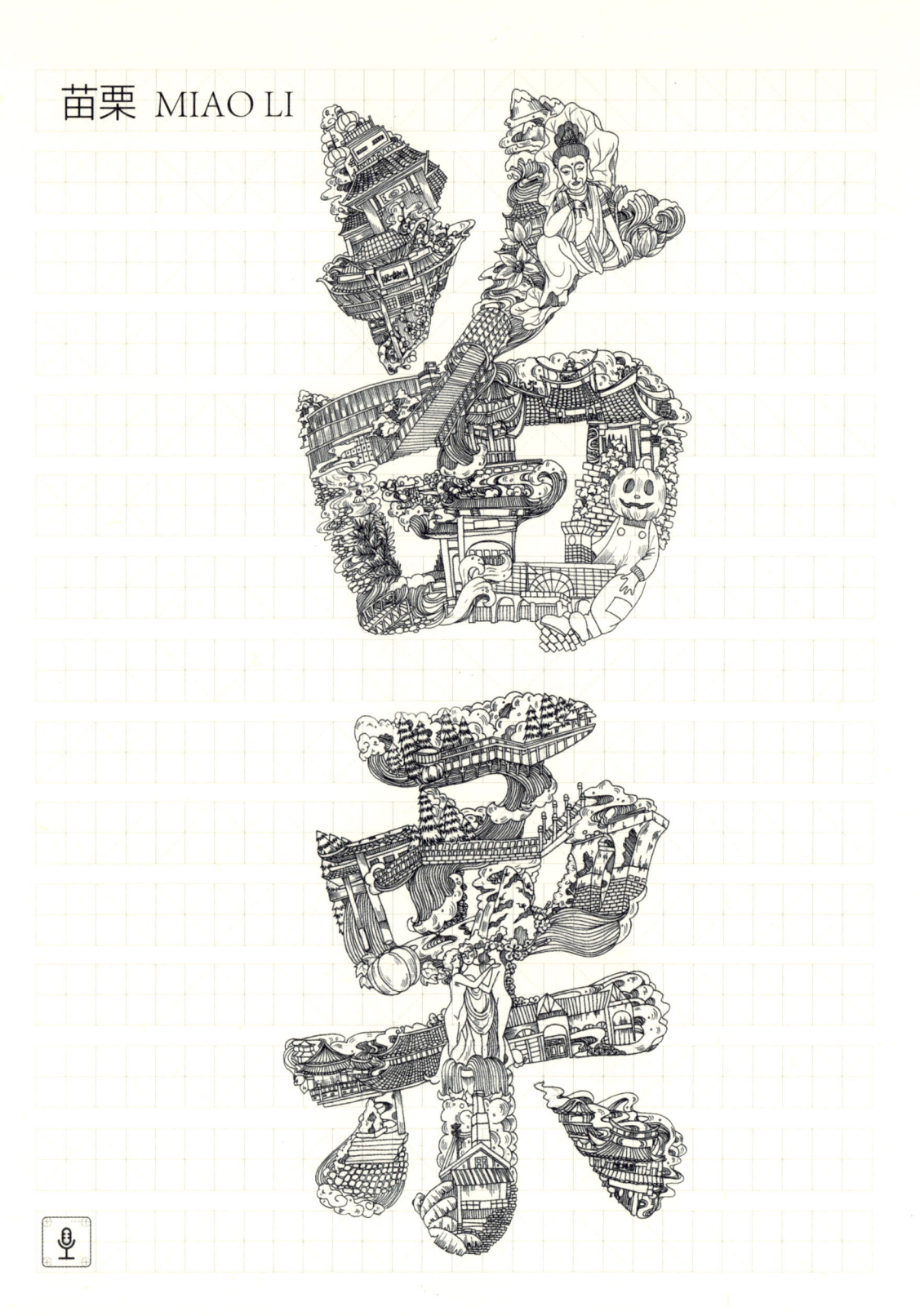

苗栗最多的，是山。高低起伏的曲线，随着海拔升高而常年缭绕的雾气，让这座山城多了一点悠远的况味。纵穿南北的纵贯线，在苗栗的群山间高低起伏，将这里出产的木雕、山中的特产、丰收的果实，运往台南台北，跨过大海，走向全世界。苗栗更多的是客家人，他们保守而本分，勤俭而耐劳，将湿热瘴疠之地，耕耘成一块安乐的世外桃源。他们善良而沉默，是苗栗这块土地上一抹生动底色。

彰化
ZHANG HUA

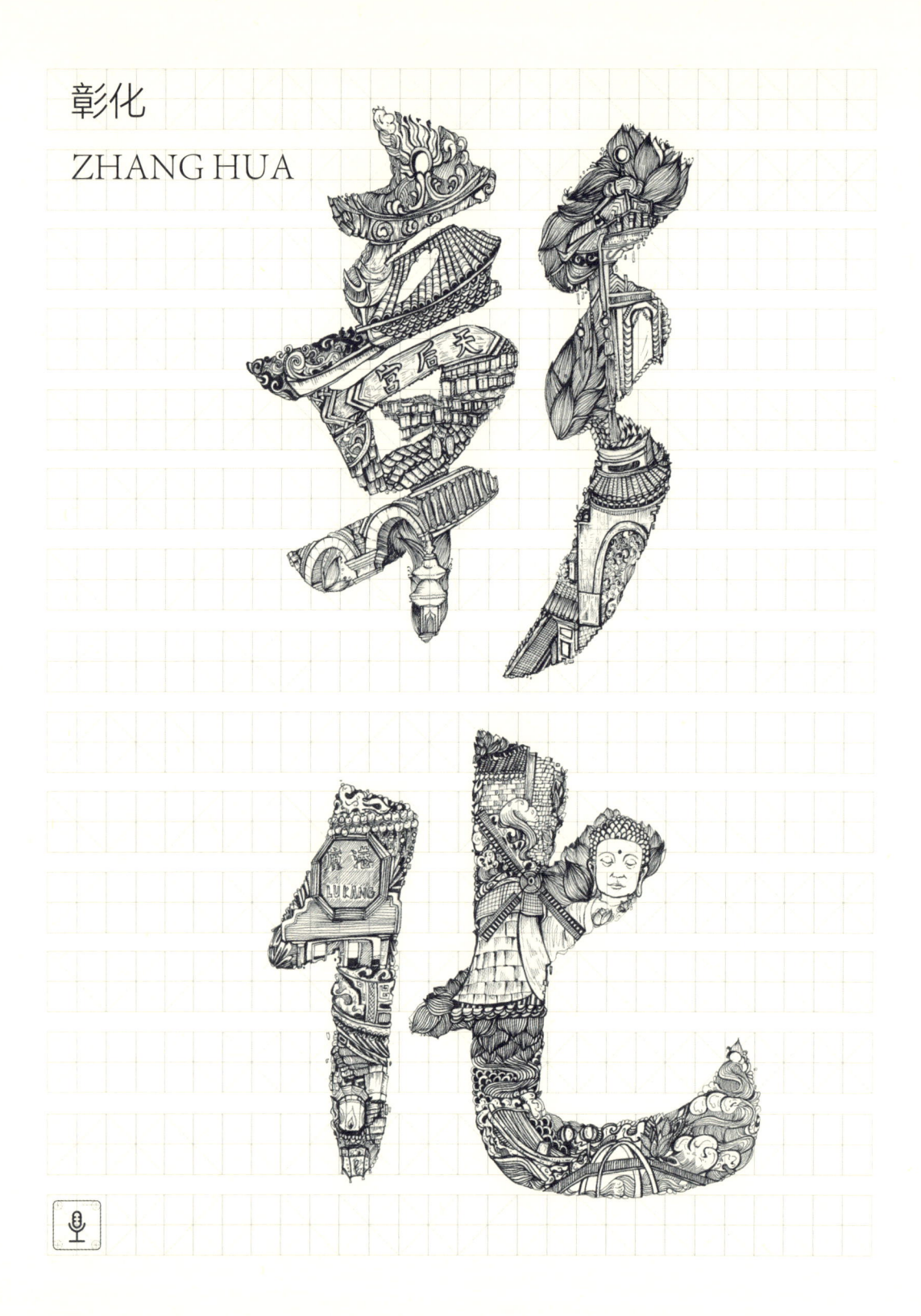

彰化平地较多，也较少受台风的侵袭，稍稍离开市区一点点，就能看见一片片的农田，风吹过，稻秆柔顺地弯腰，随风摇摆，让观者由衷地感觉安定平和，这是丰饶所产生的满足感。古朴的人文风情滋育了彰化人淳朴正直的天性，同样也赋予他们无尽的天真烂漫，比如鹿港天后宫横梁上的哆啦Ａ梦、海绵宝宝、米奇老鼠，就是彰化人顽童天性的真实映现。

南投 NAN TOU

南投没有海,却不缺山,这是一座真正的天空之城。这里有云端的市镇,日月辉映的湖水。这里曾是筚路蓝缕之地,背井离乡的人们为求一个活路,用他们的双手与血汗,在山间开垦出丰饶的田土。在南投,你要学会与山灵树神对话、相处,向他们祈求一往无前的力量,也为自己的冒犯恳求宽恕。所以南投人总是那样诚恳而含蓄,默默遵守着他们与神灵的契约。他们守护着南投,神灵则庇佑着他们。

云林 YUN LIN

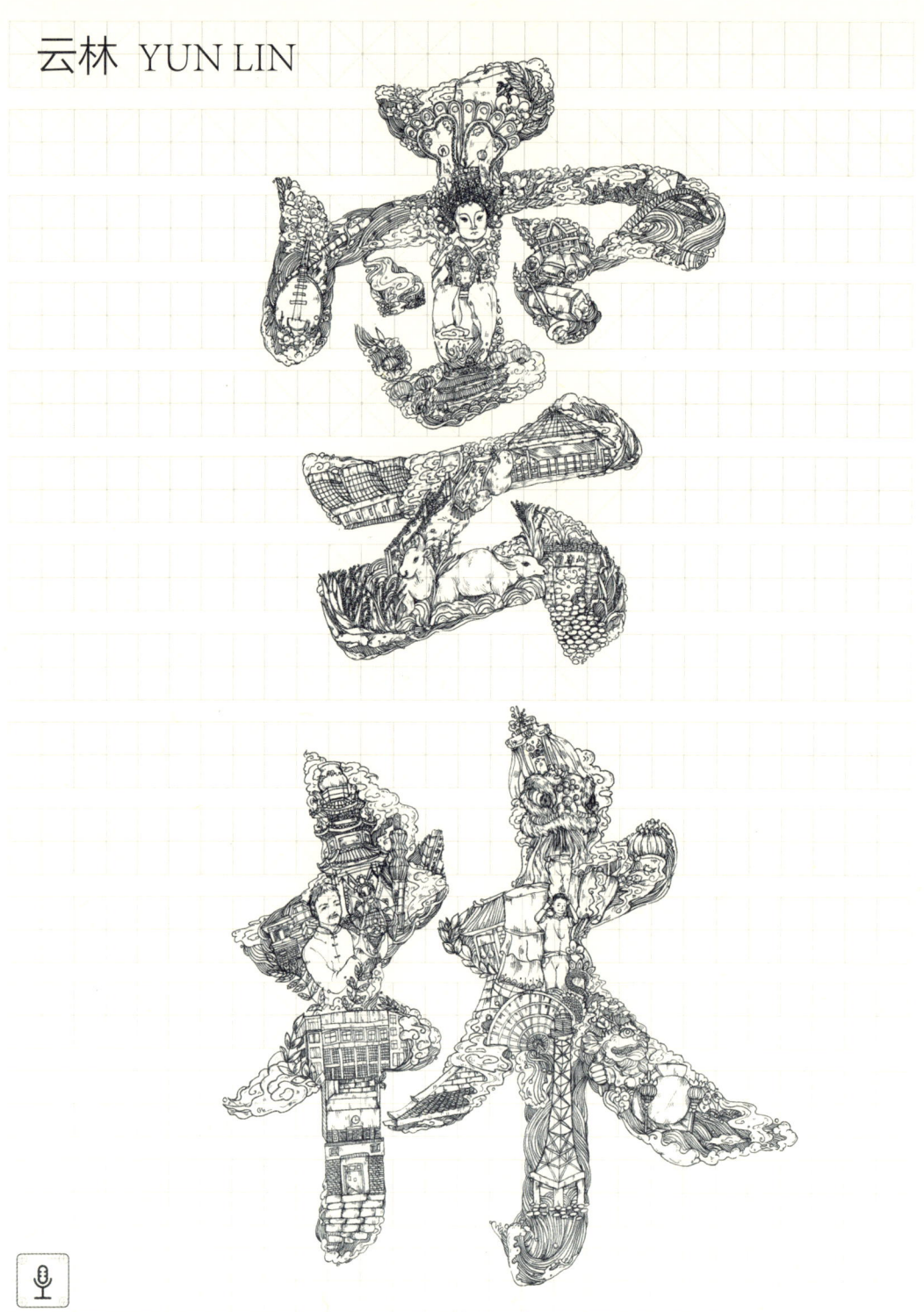

这座早年的蔗糖之城，虽然已不再大量产出，但空气中弥散的甜腻市井气息，经过时间的洗涤，仍旧绵远悠长。比如云林的汽车旅馆，仿佛古早味的台湾糖，有种醇厚浓艳之美。比如电音三太子的俗丽而现代，包裹着虔诚的信仰，让人目瞪口呆，却回味悠长。还有云林布袋戏，史艳文、素还真，那古老的闽南腔调，在声光电的包装下，让再挑剔的台湾孩子，也会情不自禁为之着迷。

屏东

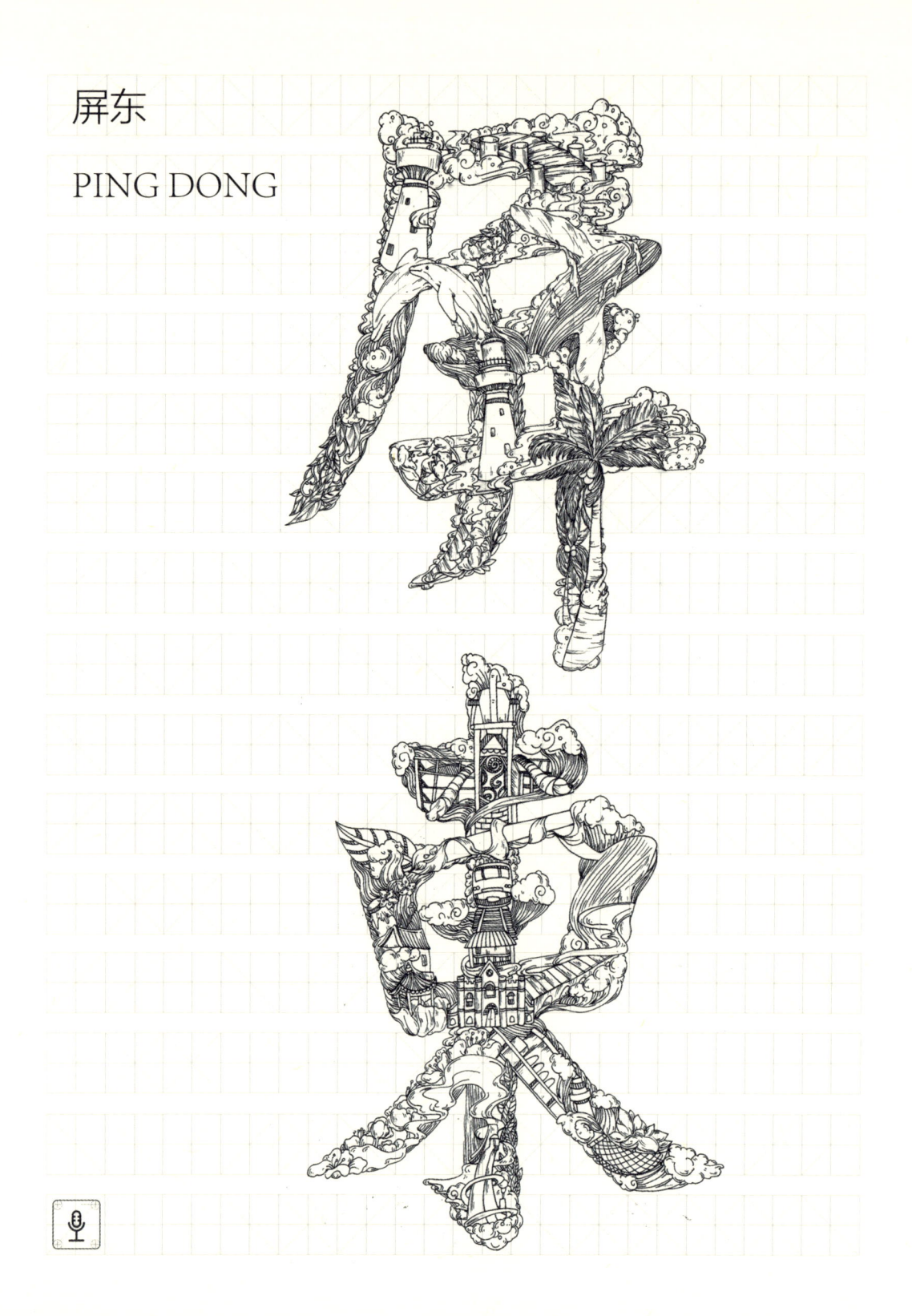

PING DONG

外来者常常分不清屏东和垦丁。其实屏东很大，只是垦丁和恒春最为耀眼而已。

垦丁人来人往，熙熙攘攘，仿佛朝圣，其实他们无非是想吹吹海风，踏踏海浪，看看比基尼而已。恒春的邮差们有些好笑又有些无奈地看着那些拿着相机和手机的人们，拜托，他只是个邮差而已。屏东本地人大都被消解不见，但他们似乎也不太在意。阳光照耀下，他们始终那么快活乐天，做好着自己的本分，享受着自己的生活。

宜兰
YI LAN

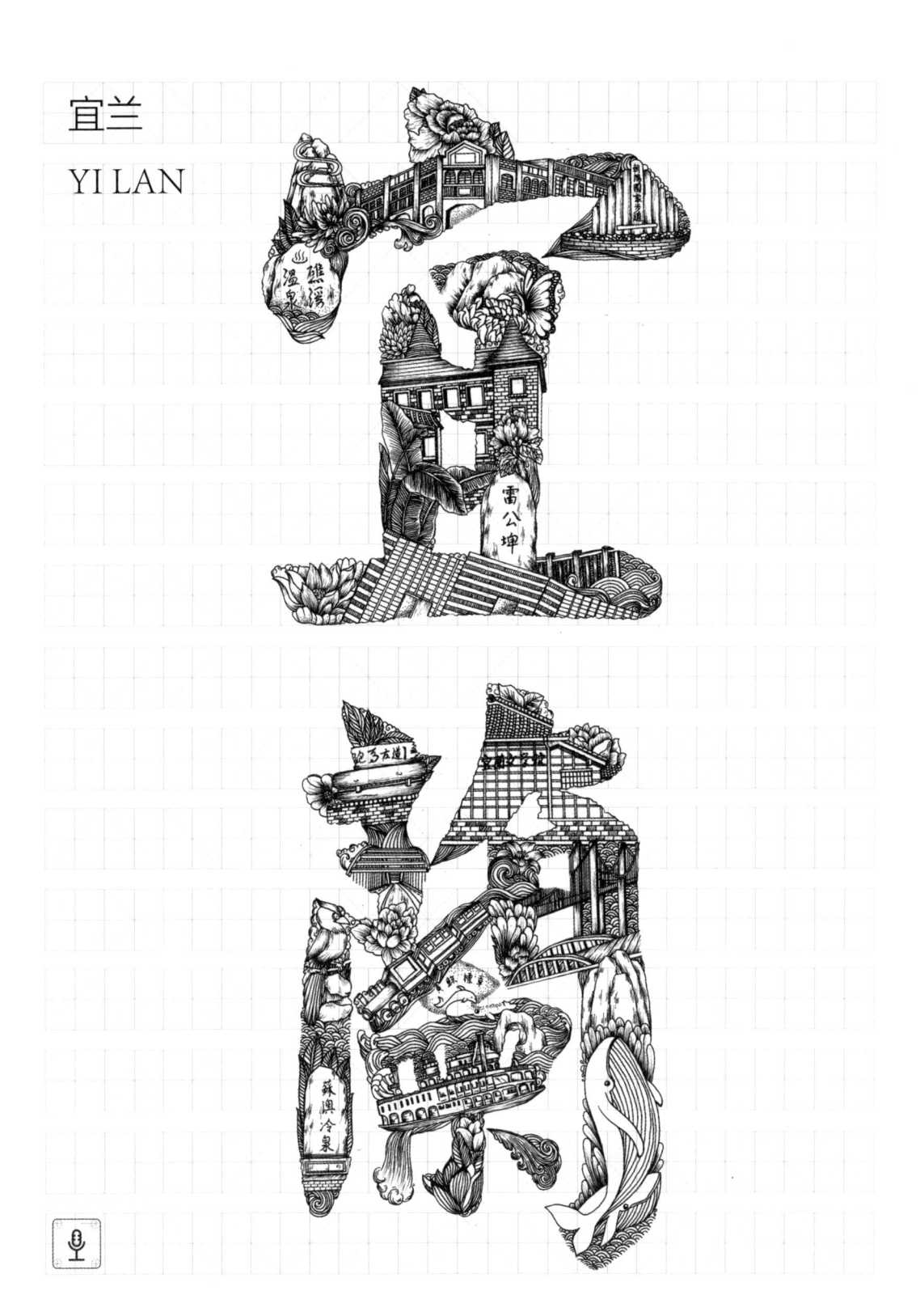

东北季风的到来，让宜兰的冬雨绵延数月，也将宜兰清洗得干干净净。宜兰人对自己的土地有着一种近乎狂热的执着、认同和骄傲，他们固执而清晰地记录着自己的文化与艺术，颂赞着自己的诗人和学者，抵抗着无秩序的城市化带来的一切恶果，让在地图上并不起眼的这处地方，变成了篆于历史之上的深深刻痕。

花莲 HUA LIAN

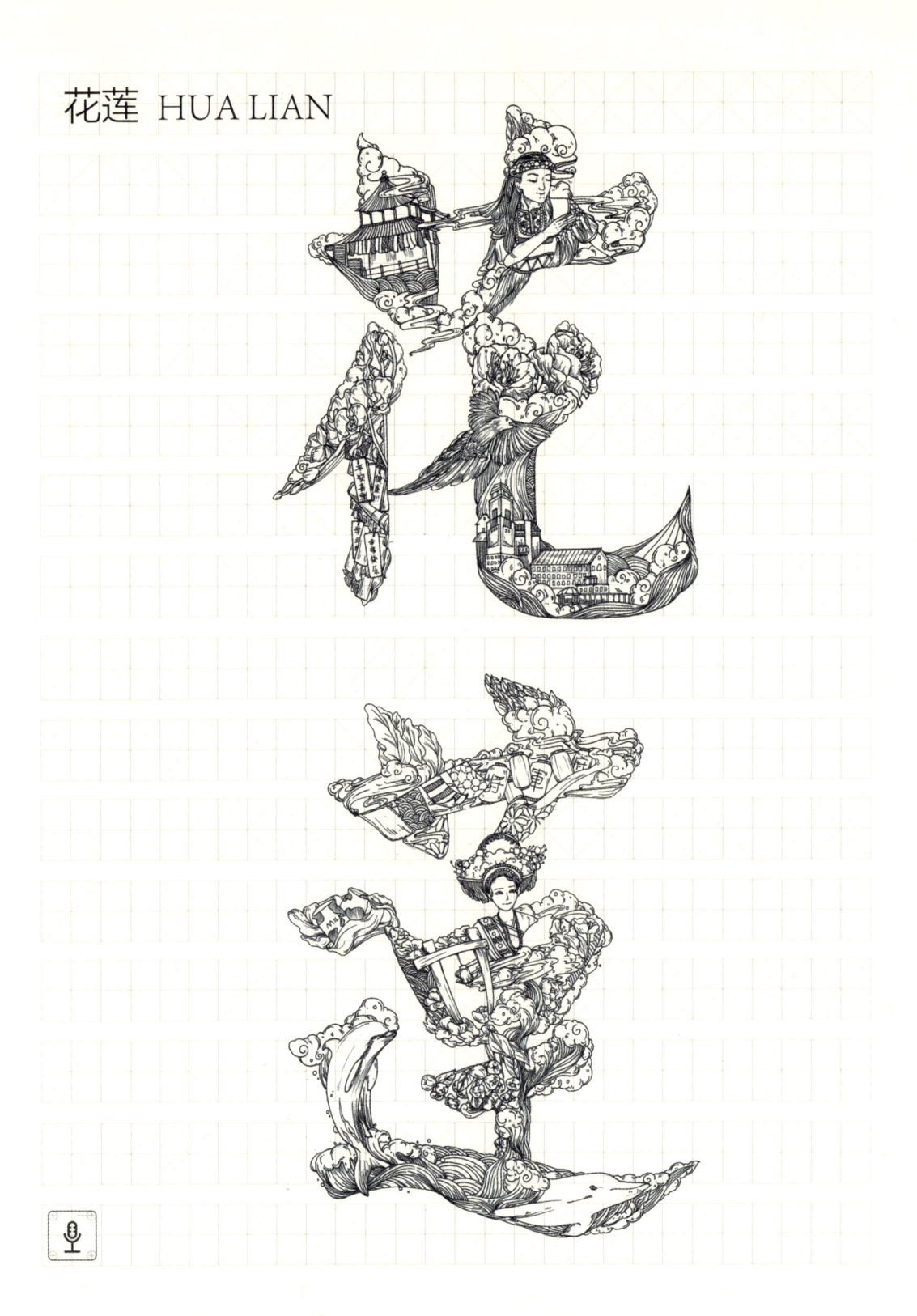

花莲很黏，如果你有故事，要在这里生活一段时间，也许你就不想走了。花莲很慢，值得慢慢地走，慢慢地活；慢慢地骑着车，看恬淡的路人；慢慢地看旧书，摩挲泛着热气的咖啡杯。慢到你僵硬的脸部肌肉，也能挤出微笑。很难想象，这有着大山大海，"疯狗浪"肆虐的地方，会是这样一副模样。但这就是花莲，在自然的壮阔中，酝酿出了一曲清新脱俗。

台东 TAI DONG

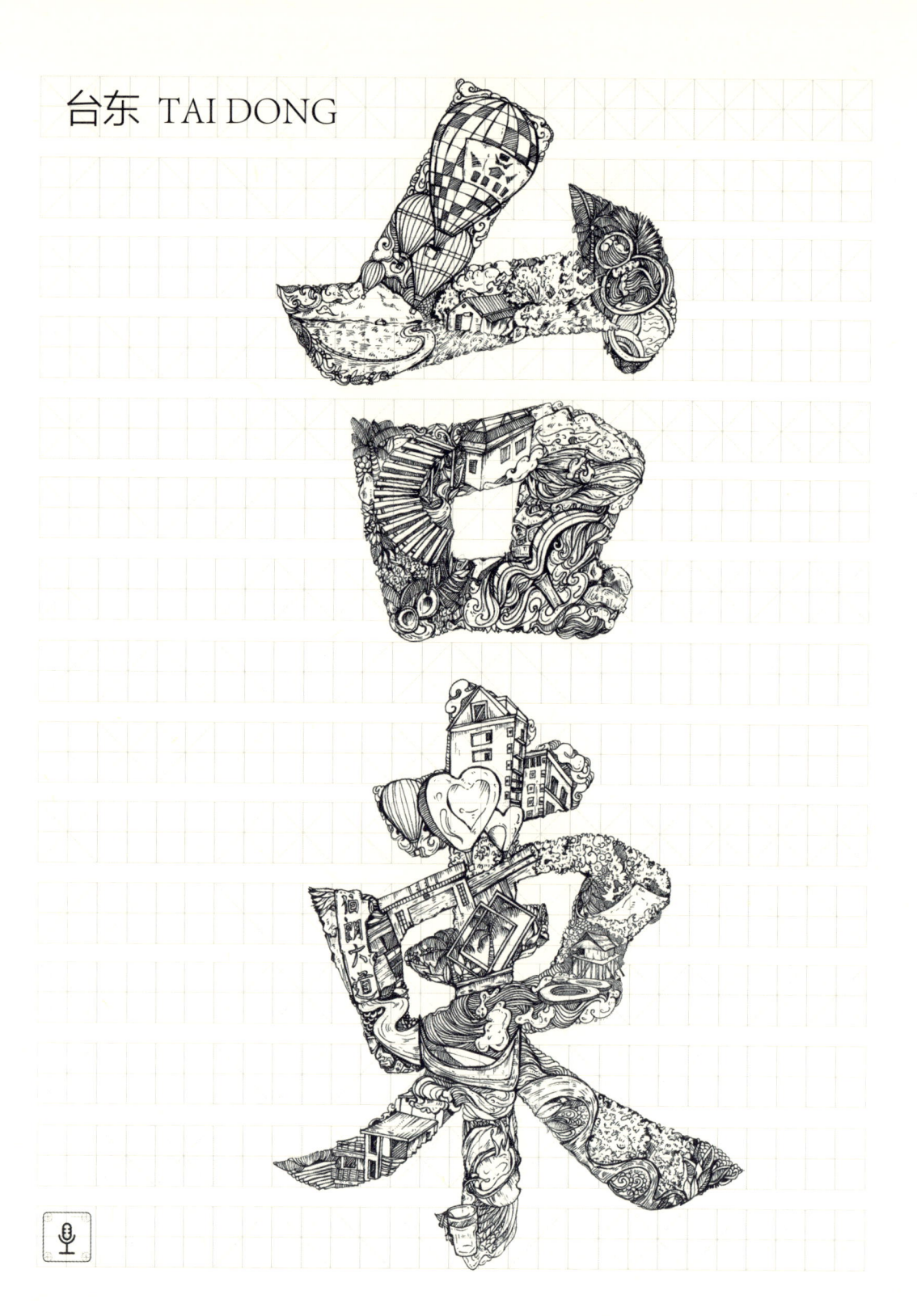

台东很甜,有凤梨、释迦、柴鱼;台东很漂亮,有鲤鱼山、三仙台,还有美丽的海岸。台东也可以很现代,池上便当的传说在小资青年当中口口相传。台东是个不容易去到的地方,连绵山脉,是阻隔,也营造出一种切实的神秘感,引起了太多的误解和遐思,比如台东人常会被问起是不是骑山猪上班上学,这神秘感又让更多人想要一亲芳泽。

澎湖 PENG HU

澎湖是台湾海峡中间散落的珍珠,有光洁的海滩,随小艇激起的温柔水花。在澎湖,不需要带着目的去生活,走到哪里,看到哪里,歇到哪里,大可率性而为。夕阳落下,就是满天星斗,风吹浪打,惬意悠然。

金门 JIN MEN

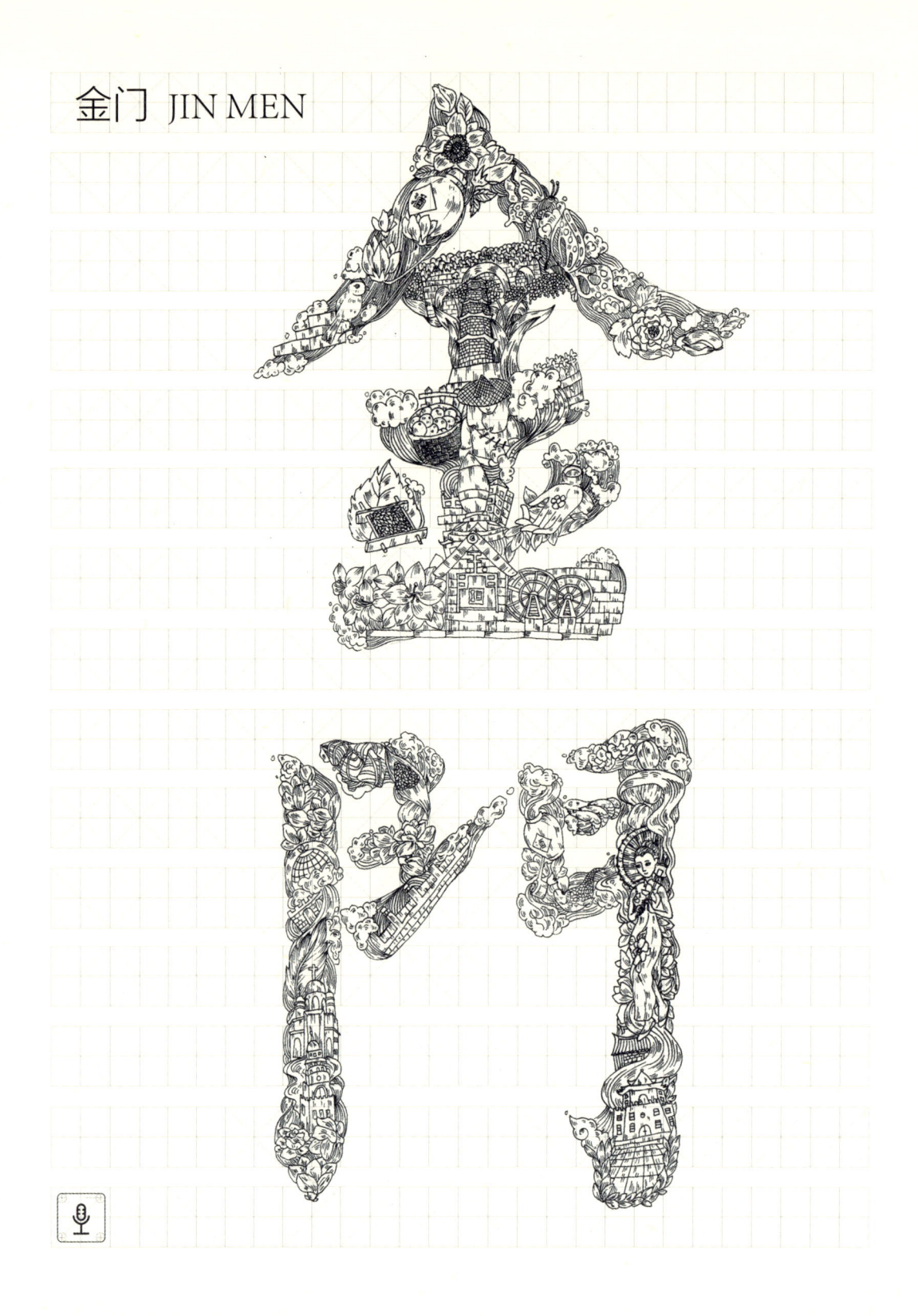

据说，金门是台湾人幸福感最高的地方，是啊，有金门高粱可以喝，足以忘却太多的烦恼。连蚵仔都能幸福地晒日光浴，然后变成好吃的蚵仔面线，更别说人了。行走在金门街头，最常看见的大概要数风狮爷。这是一种独特的石狮子，据说是因为早年金门植被稀疏，风害严重，百姓以祭拜风狮爷的方式，祈求上天能够减轻灾祸。如今金门植被渐渐茂密，风害不再，风狮爷也终于可以卸下沉重的工作负担，和金门人一起幸福地生活了。

连江 LIANJIANG

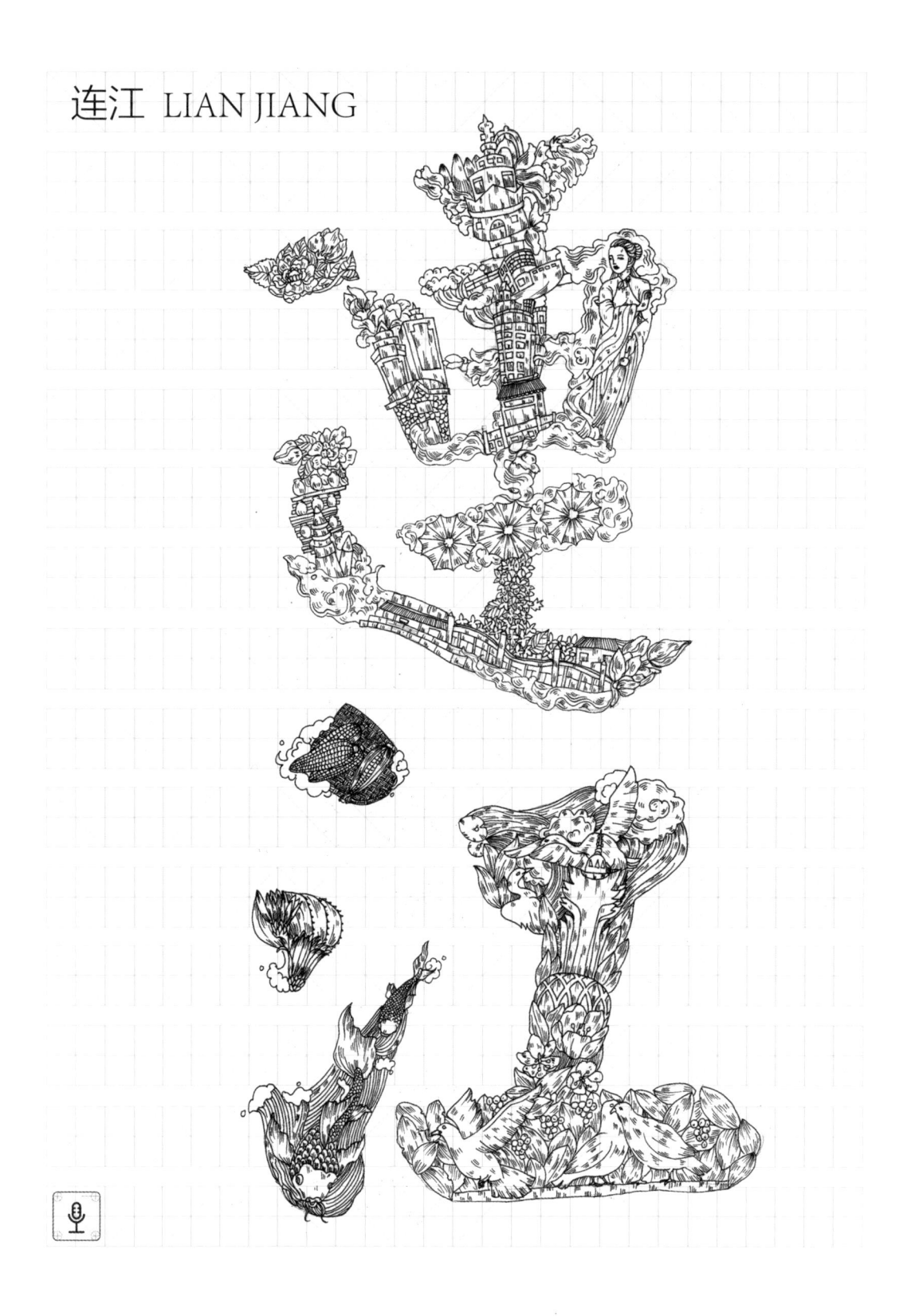

和台湾许多地方都洋溢着闽南风情不同，连江这座远远的离岛，从方言到建筑，再到特产，都是明显的闽东味道。比如连江各地的芹壁聚落，便是一种典型的闽东民居，依山面海，利用花岗岩块，沿山坡兴建，又叫一颗印，可以抵御强风侵袭，给向着大海讨生活的连江人以温暖的慰藉。而方言方面，连江也跟台湾本岛不同，连江人多操类似福州话的闽东方言，也是一大特色。

温情而闪耀的风光

景点

西门町
XI MEN DING

西门町是年轻人玩的地方。那种混合了多元文化的热闹与活力，既吸引了年轻人的到来，也汲取着年轻人的创意和巧思，源源不断地增添着西门町的魅力。

西门町有形形色色的人，爱心义卖的年轻人，卖杂志的游民，等着看"老式"演出的老人，还有聚集在西门红楼的先锋人士，汇合成一曲都市光怪陆离的交响。

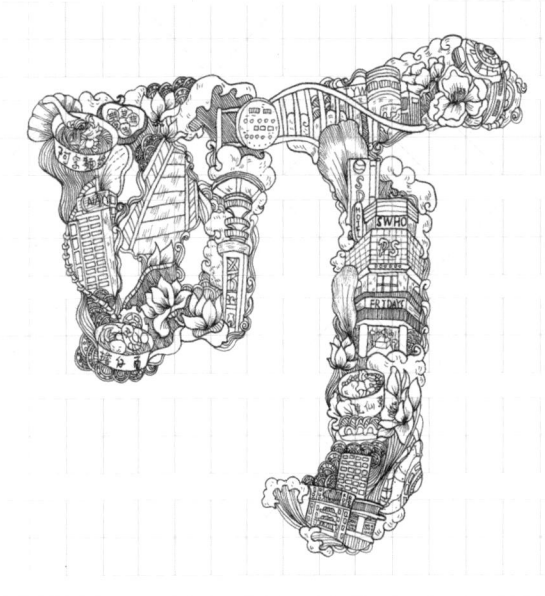

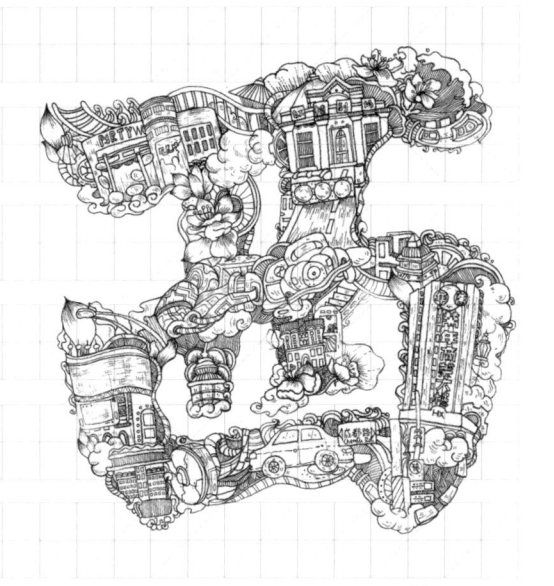

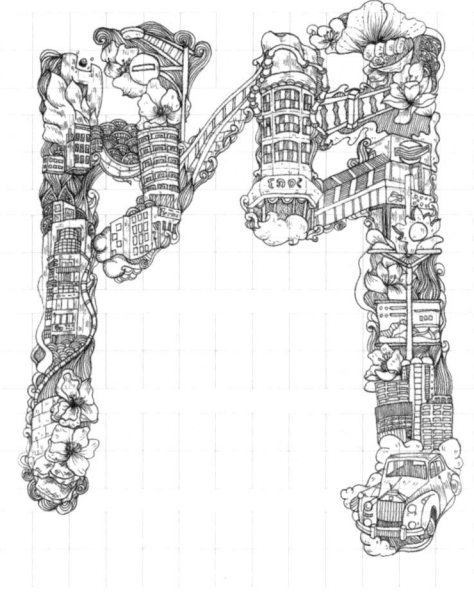

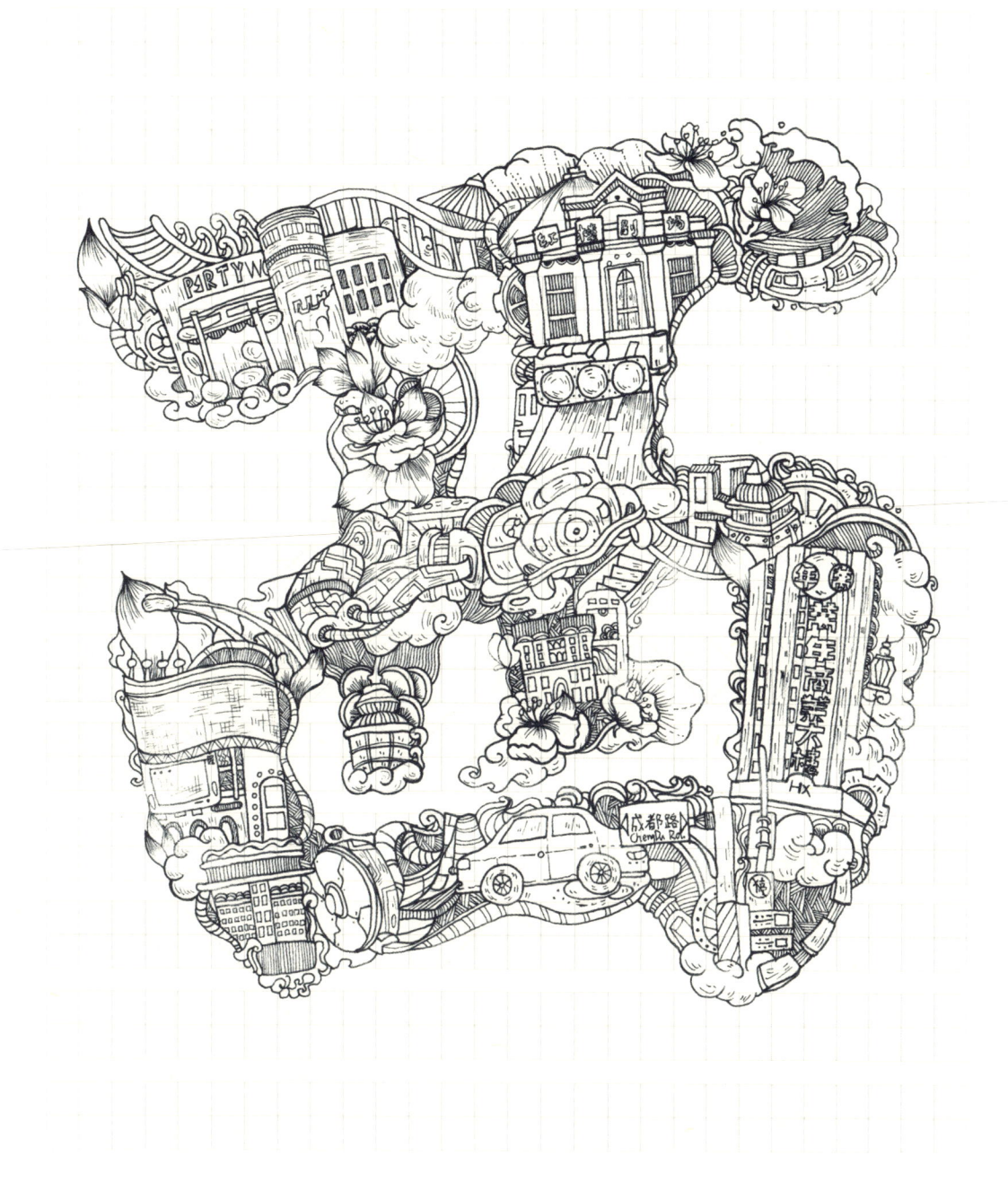

台湾的年轻人很少有没去过光华商场的，西门町，尤其是以光华商场为代表的西门町，是台湾年轻人的时尚风向标，无论是以前热闹红火的日系风格，还是热度正高的韩流，抑或是拥趸众多的台客风，在这里都占据着一席之地，影响着台湾年轻人的风貌。

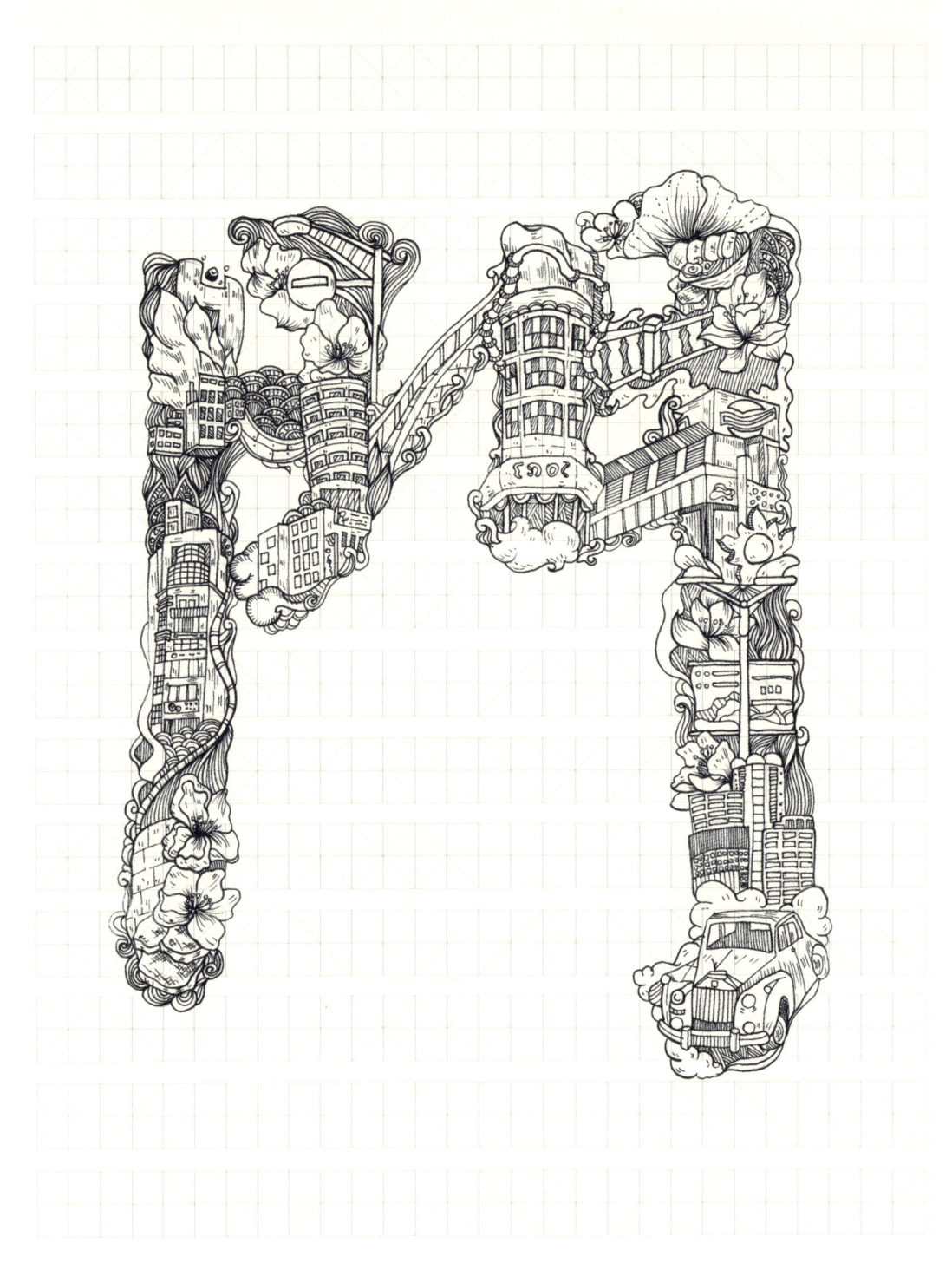

西门町是台北电影院的聚集地，还有大量丰富的表演活动可以参加，电影界人士想要一窥台湾主力观影人群的喜好和意见，在这条街上多走多看多听，必然会有收获。如果是一般的影迷，这里举办的各种首映礼、粉丝见面活动也为数不少，是追星的一大去处。

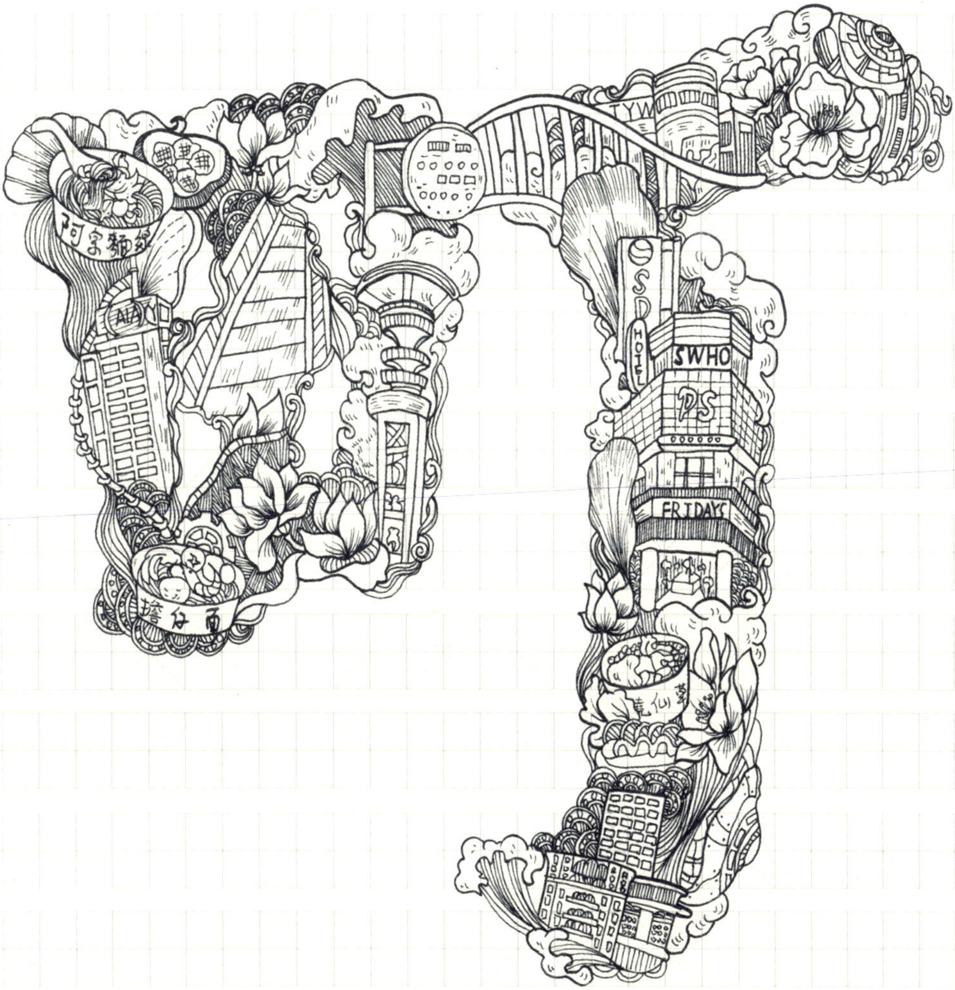
TYW
SD
HOTEL
SWHO
DS
FRIDAYS

行天宫
XING TIAN GONG

行天宫算得上是台北香火最旺盛的庙宇。跟一般庙宇不同，行天宫不烧金纸，没有演戏酬神，甚至连功德箱都没有，香烛免费，民众则会自发带素果鲜花来拜拜。在台湾众多寺庙当中，行天宫别有一种清新脱俗的感觉。

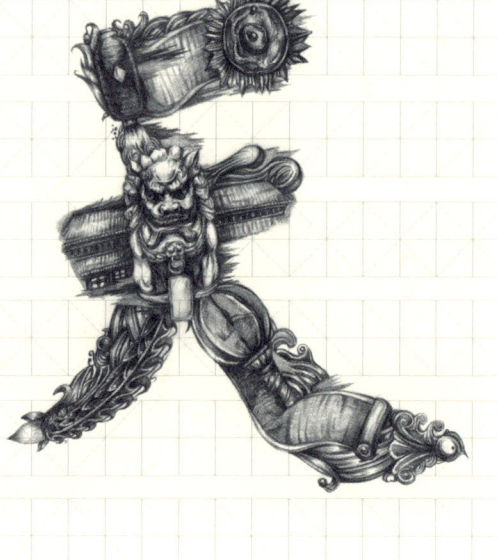

行天宫最著名的服务是问卜和收惊，压力巨大的台北人来到这里，接受心灵的抚慰，这大概是行天宫香火旺盛的最主要原因。

和一般宫庙所供奉的神仙不同，行天宫又称恩主公庙或简称恩主公，也作恩主宫，供奉的是关羽、吕洞宾、张单、王善、岳飞五位恩主。所谓恩主，在台湾民间信仰中是"救世主"的意思。

台湾人最爱拜拜，从行进到参拜的次序，如何烧香，如何祝祷，都有自己一套完整的规则和仪式。这样的仪式感，让台湾人的心灵获得巨大的满足感。台湾庙宇里供奉的神仙也丰富多彩，体现了台湾民间信仰的多元与包容。

阿里山
A LI SHAN

每年，都有不计其数的游客来到阿里山。这里的日出、晚霞、云海、森林、铁路，都是那样恰到好处，让所有来过的人多年以后仍旧念念不忘，这是一种奇特的魔力。

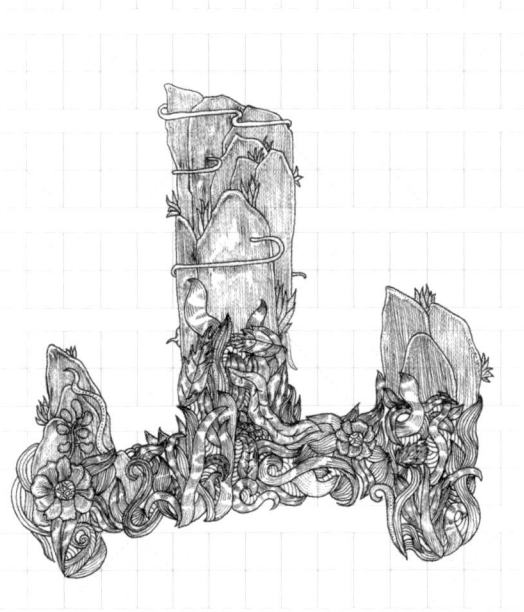

乘小火车或拾级而上，一睹阳光从云层里直射万物，这种壮美，是让每个前来阿里山的旅客心驰神往的。但阿里山的天气变化万端，常常不能如人所愿，但人们的渴望不但没有减弱，反而更增添了几分固执。

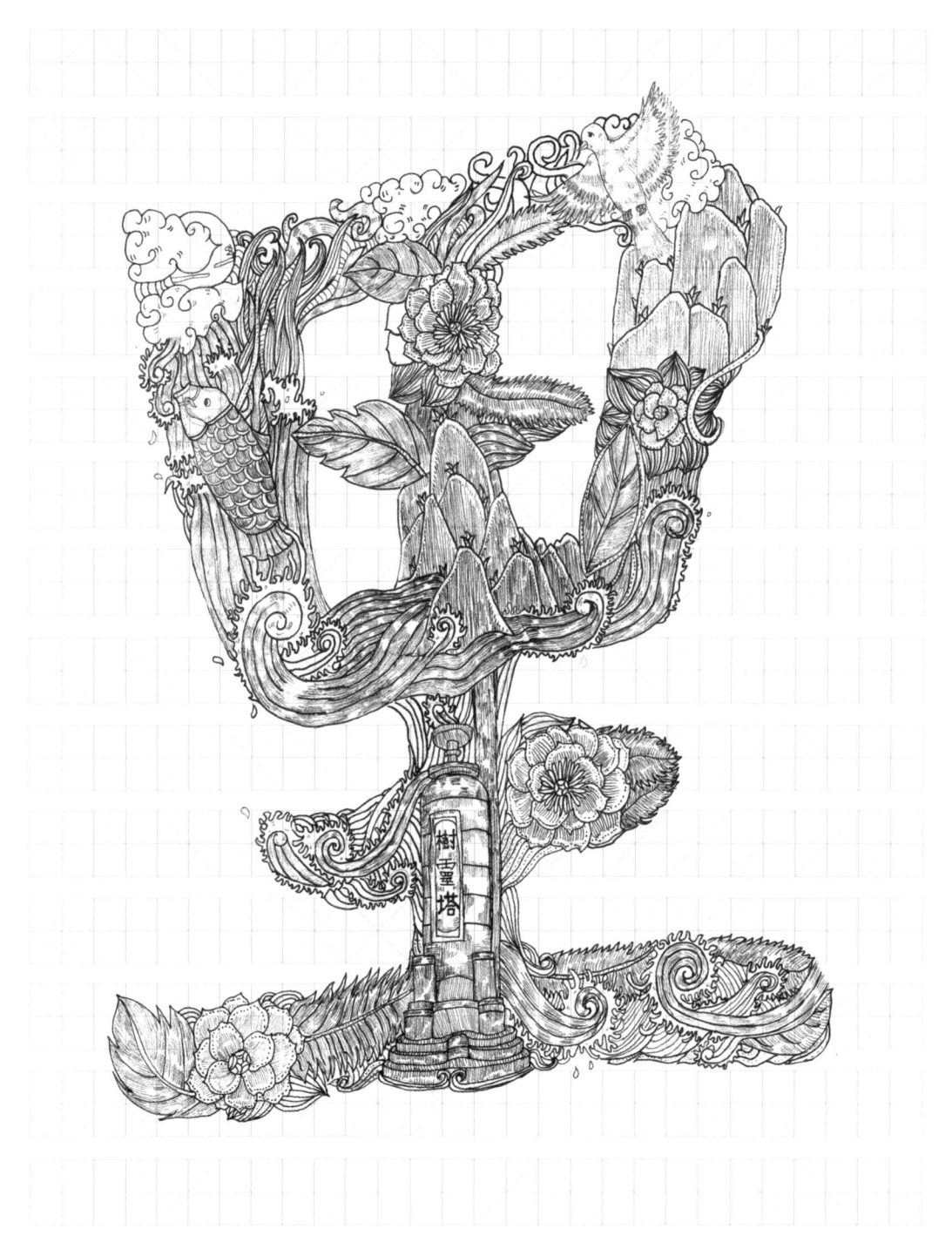

阿里山的云层也是分外妖娆，那翻腾起伏、瞬息万变的绚丽姿态，让人情不自禁为之赞叹。阿里山的晚霞半点也不逊色，高耸的山冲破云层的遮蔽，晚霞的无边魅力也随之增强。

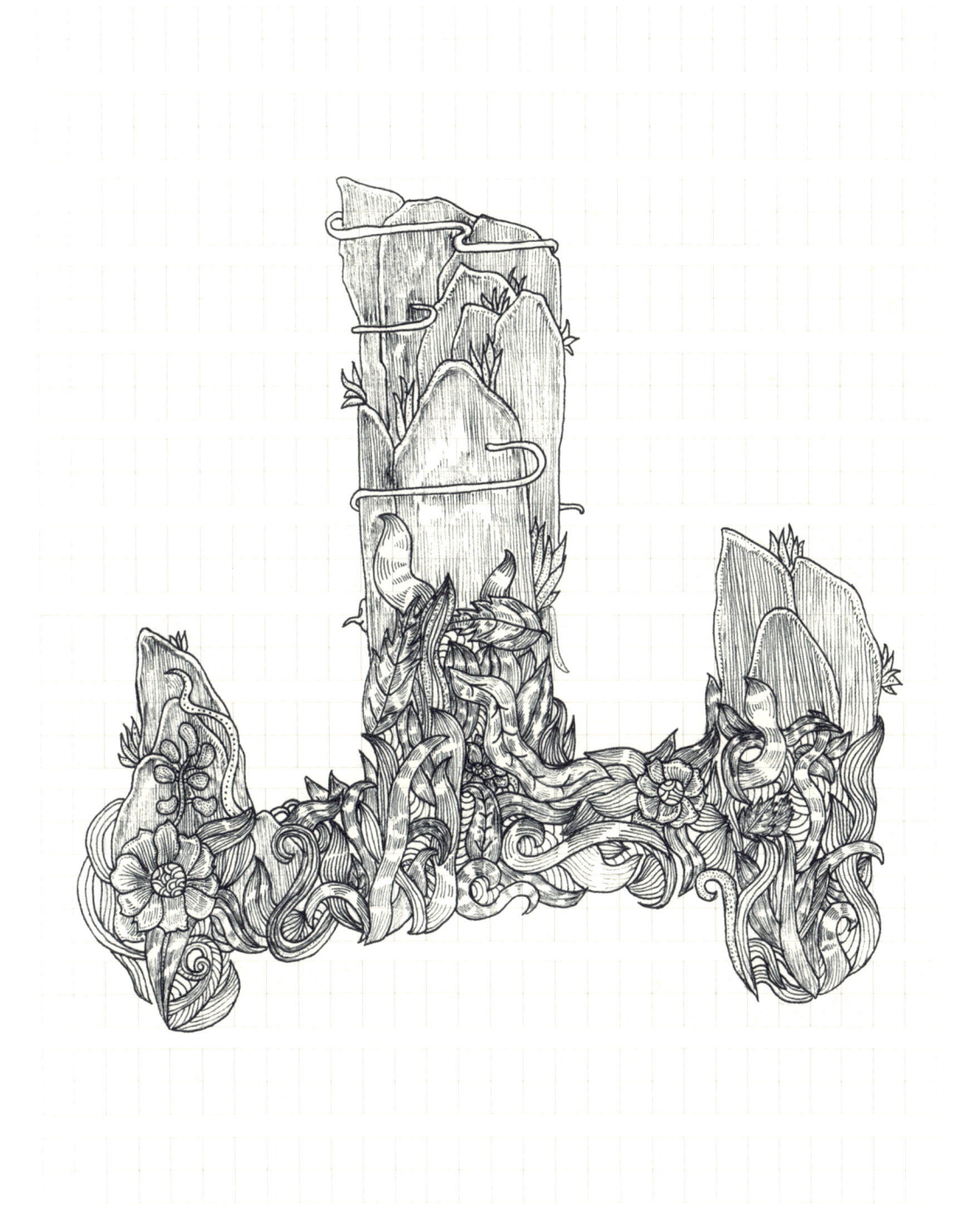

阿里山的神木与小火车，一静一动之间，让整个阿里山都随之鲜活起来。火车古朴的风貌，神木静默无言的姿态，美得让人心折，穿行在森林中，仿佛能听到神木的呼吸声，你甚至不愿在此时高声说话，怕打搅到它们千万年的安眠。

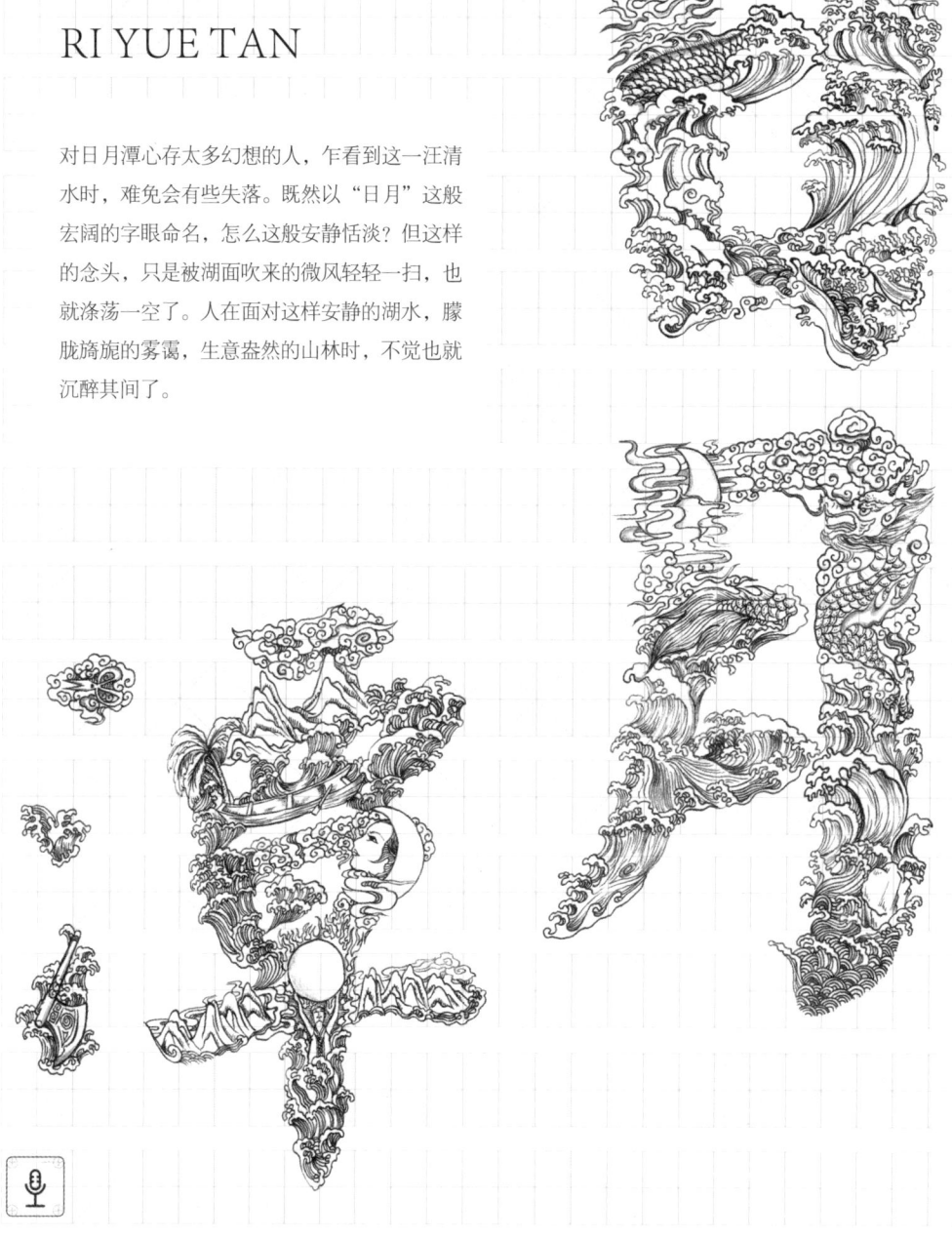

日月潭
RI YUE TAN

对日月潭心存太多幻想的人，乍看到这一汪清水时，难免会有些失落。既然以"日月"这般宏阔的字眼命名，怎么这般安静恬淡？但这样的念头，只是被湖面吹来的微风轻轻一扫，也就涤荡一空了。人在面对这样安静的湖水，朦胧旖旎的雾霭，生意盎然的山林时，不觉也就沉醉其间了。

西行万里的玄奘法师，生前大概不会想到，自己的一段灵骨会又向东万里，来到这安静的日月潭边。这一东一西遥远的距离，所产生的时间与空间的交错感，营造出了一种浪漫的悠远况味。

日月潭四周是山民聚居的群落，现代与古老的建筑在这里交汇与融合，日月潭上的风将它们吹得分外和谐。黝黑的山民看到你时，肯定会邀你一起载歌载舞，享用最地道的烤山猪肉和小米肠的。

日月潭是台湾岛上最大的天然湖泊，潭中有一小岛，如珍珠浮在湖中，以此为界，北半湖形如旭日，南半湖形如月牙，日月潭由此得名。

妈祖庙
MA ZU MIAO

很难统计台湾有多少座妈祖庙,说台湾举头三尺有神明,最大一尊是妈祖,绝对是毫无疑问的。几百年来,迁徙的人们,总将无尽乡愁和对未来的憧憬,都寄托在妈祖身上。

一座庙,不单单是上香拜拜的地方,老人下棋,孩子嬉戏、主妇们沟通聊天,都在这里落脚;商店、小吃店,卖金纸的阿婆、街头艺人,工艺品、儿童玩具,都在这里集散。在这热热闹闹的氛围感染下,泥塑木雕的神像也跟着变得生动鲜活起来。

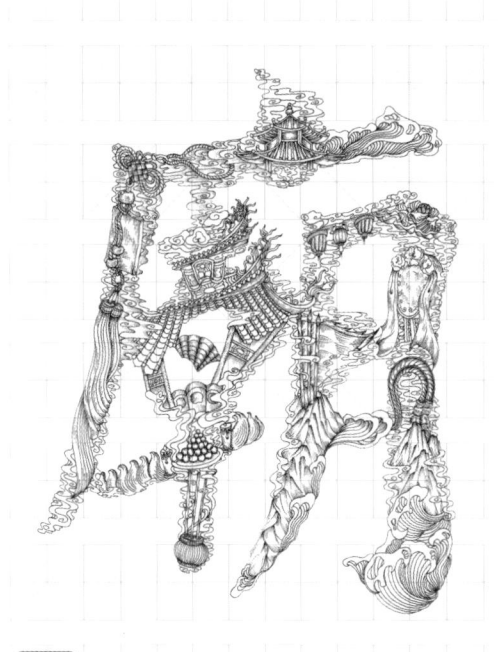

每年台中大甲镇澜宫的妈祖绕境，都是台湾的一大盛事。信徒们夹道相送，摸摸神轿，或钻过轿底，或拿个压轿金，虔诚地祈求妈祖的保佑。也有许多人跟随妈祖一起，行走于台湾的大街小巷，坚持走完全程，享受心灵上的满足，感受着周围人的善意。

台湾四面环海，海浪、台风、山岭深处的一切未知，让台湾人的不安全感比其他地方的人要大得多。妈祖仿佛一位母亲，安抚着每一位虔诚向她祈求的人。人们在妈祖庙里得到安慰，才生出勇气，去迎接未知的明天。

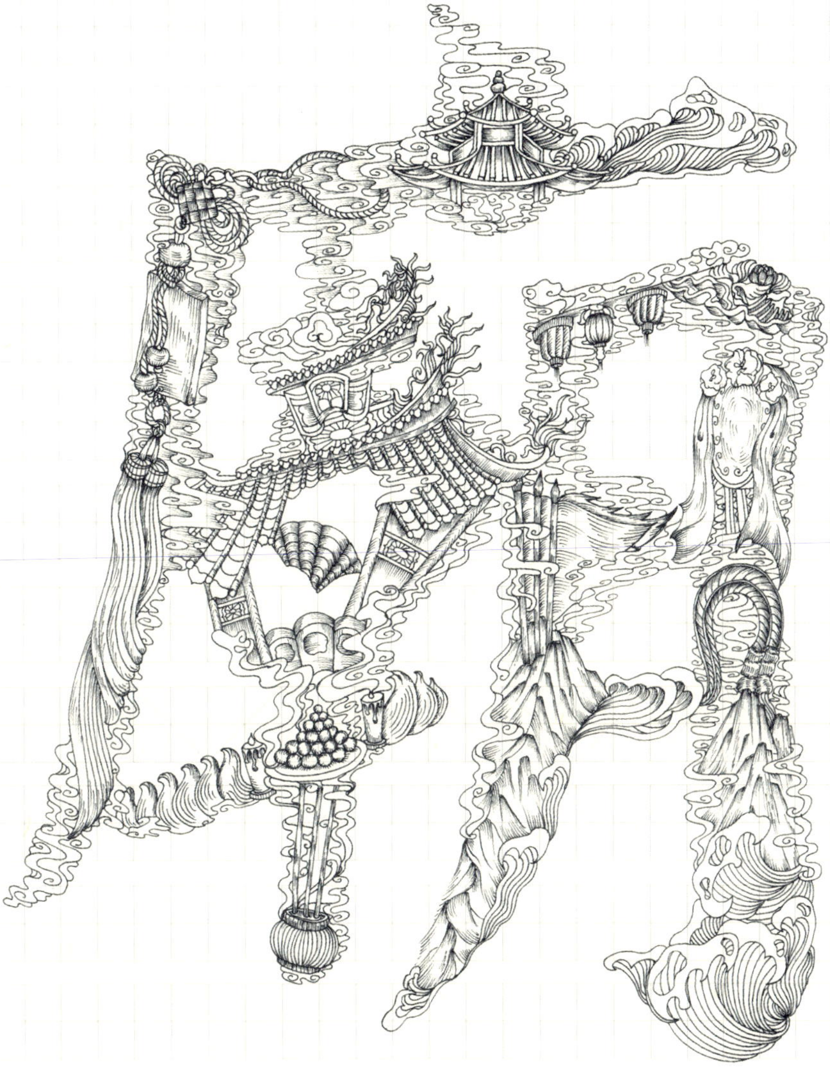

八卦山
BA GUA SHAN

提到彰化，台湾人脑海中就会浮现八卦山上的大佛形象。这尊宝相庄严的巨大佛像，腹内有六层，雕塑着各种佛经故事，让人叹为观止。

八卦山是古战场，虔信神怪的台湾人，常会提醒孩子晚上不要在八卦山多逗留。但天生"反骨"的孩子哪里会听大人的话，自然也在八卦山上闹出了许多试胆的故事来，让人啼笑皆非。

据说，八卦山还有分手"魔咒"，不明就里（或故意为之）的情侣们来到这里后，不用多久，就会以分手告终。彰化当地，看到这样不好的兆头，近年来在七夕时节举办各种主题活动，希冀打破魔咒。结果如何尚难定论，但八卦山分手魔咒的大名，倒是被这种宣传传播得越来越响亮了。

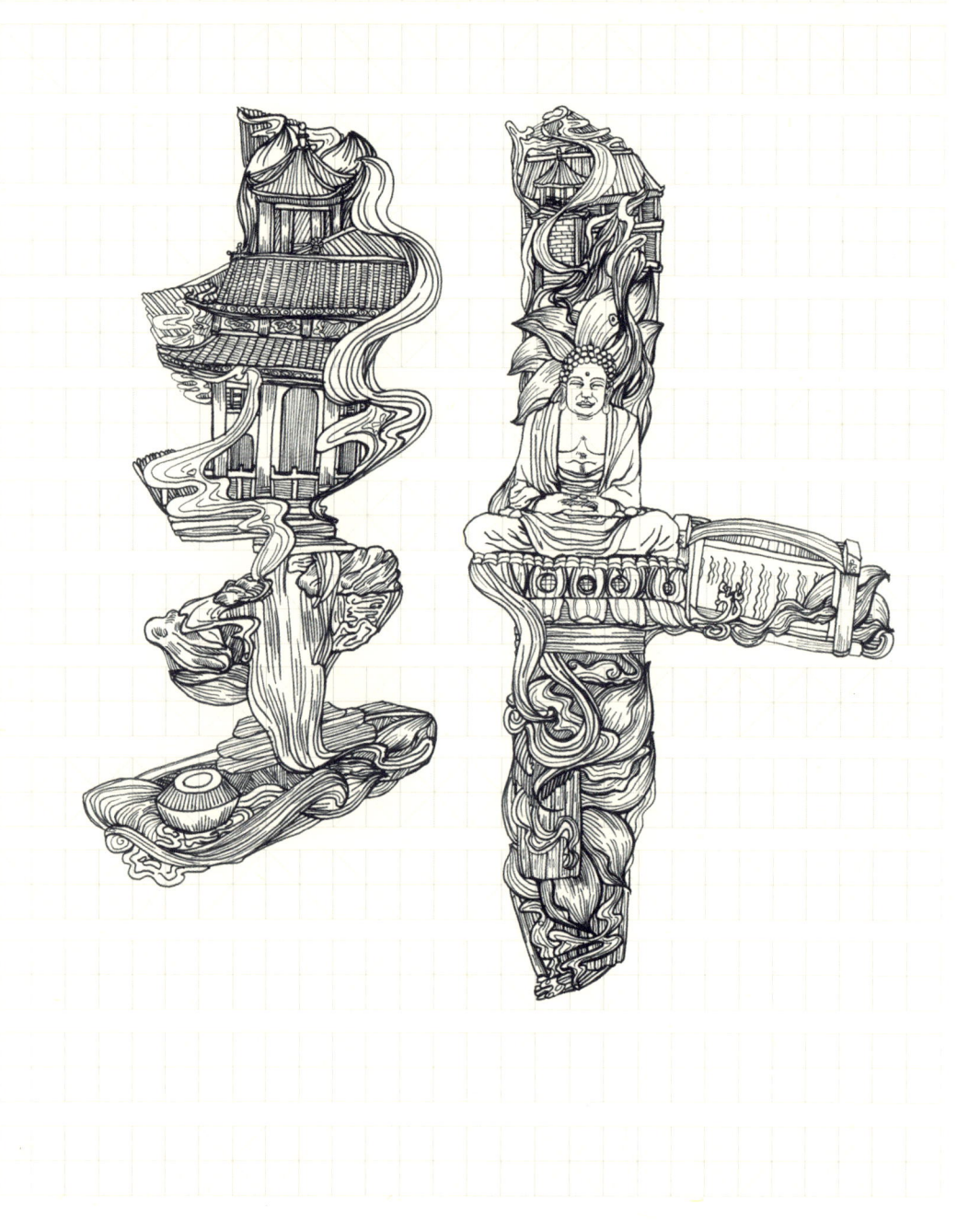

八卦山大佛旁的南天宫里，早在 20 世纪 70 年代，就以声光电效果，精心打造出十八层电动地狱的图景，无疑又为这里的种种传说添上了许多趣味。

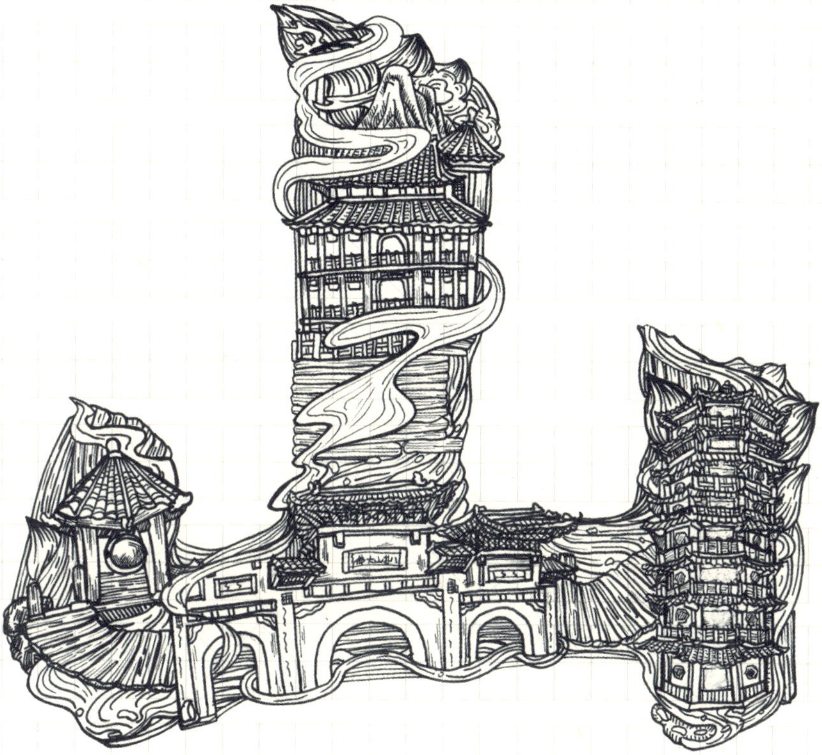

三仙台
SAN XIAN TAI

相传八仙东游途中,铁拐李、吕洞宾、何仙姑三位仙人曾于台东海上三座山岩上休息。如今仙踪渺渺,只留下无边遐想,任后人临海远眺、放飞思绪。

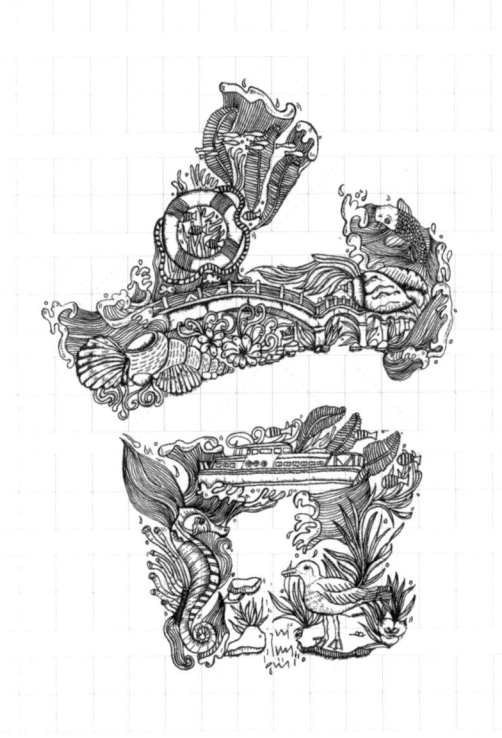

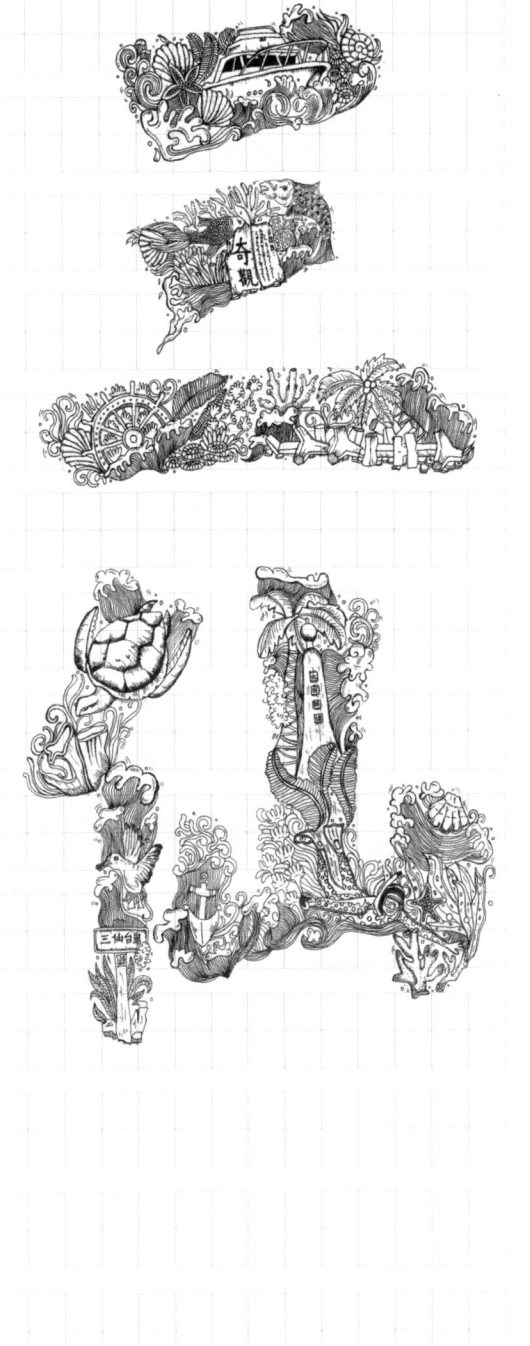

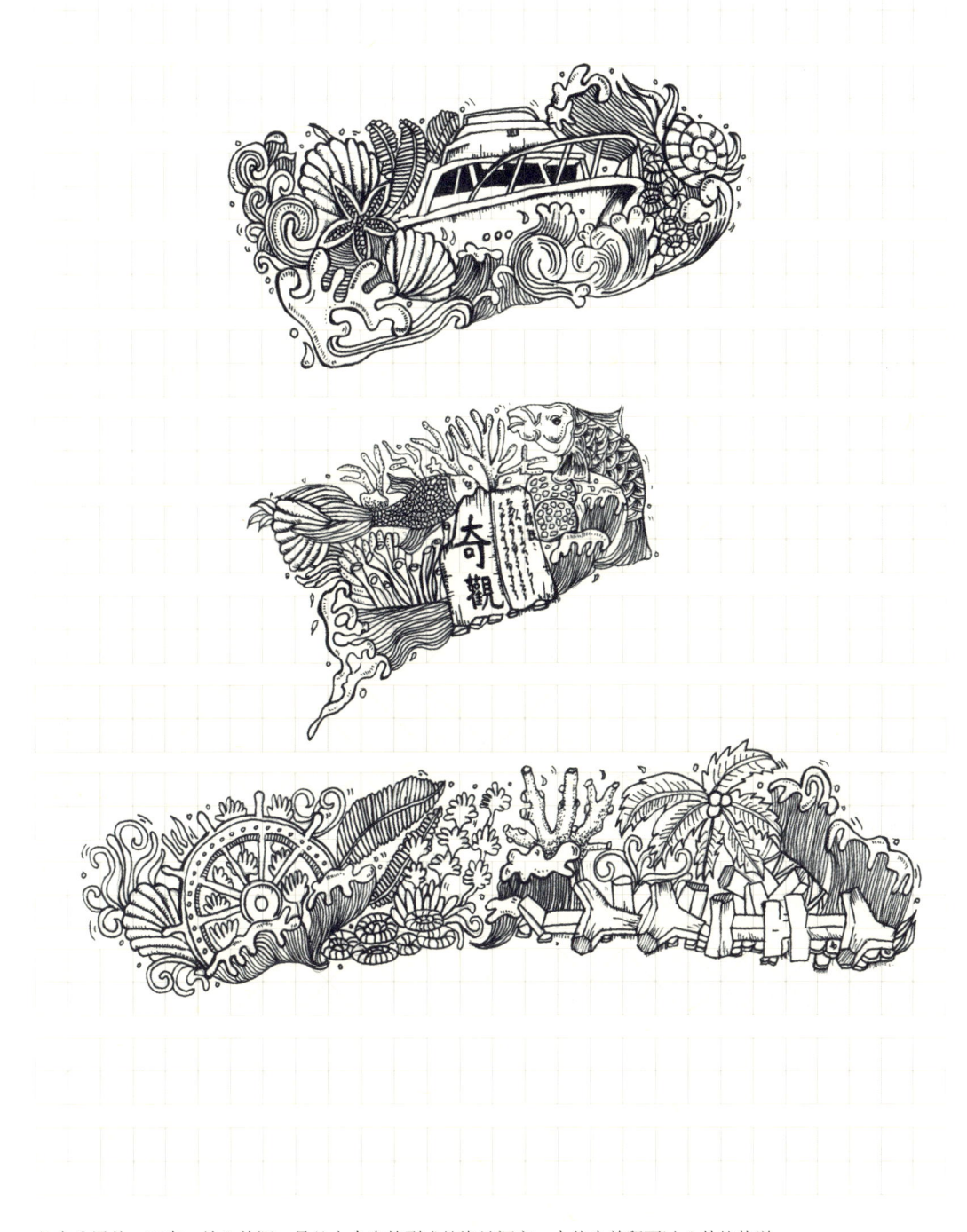

几十公里外，还有一处八仙洞，是几十个自然形成的海蚀洞穴，大约也曾留下过八仙的传说。

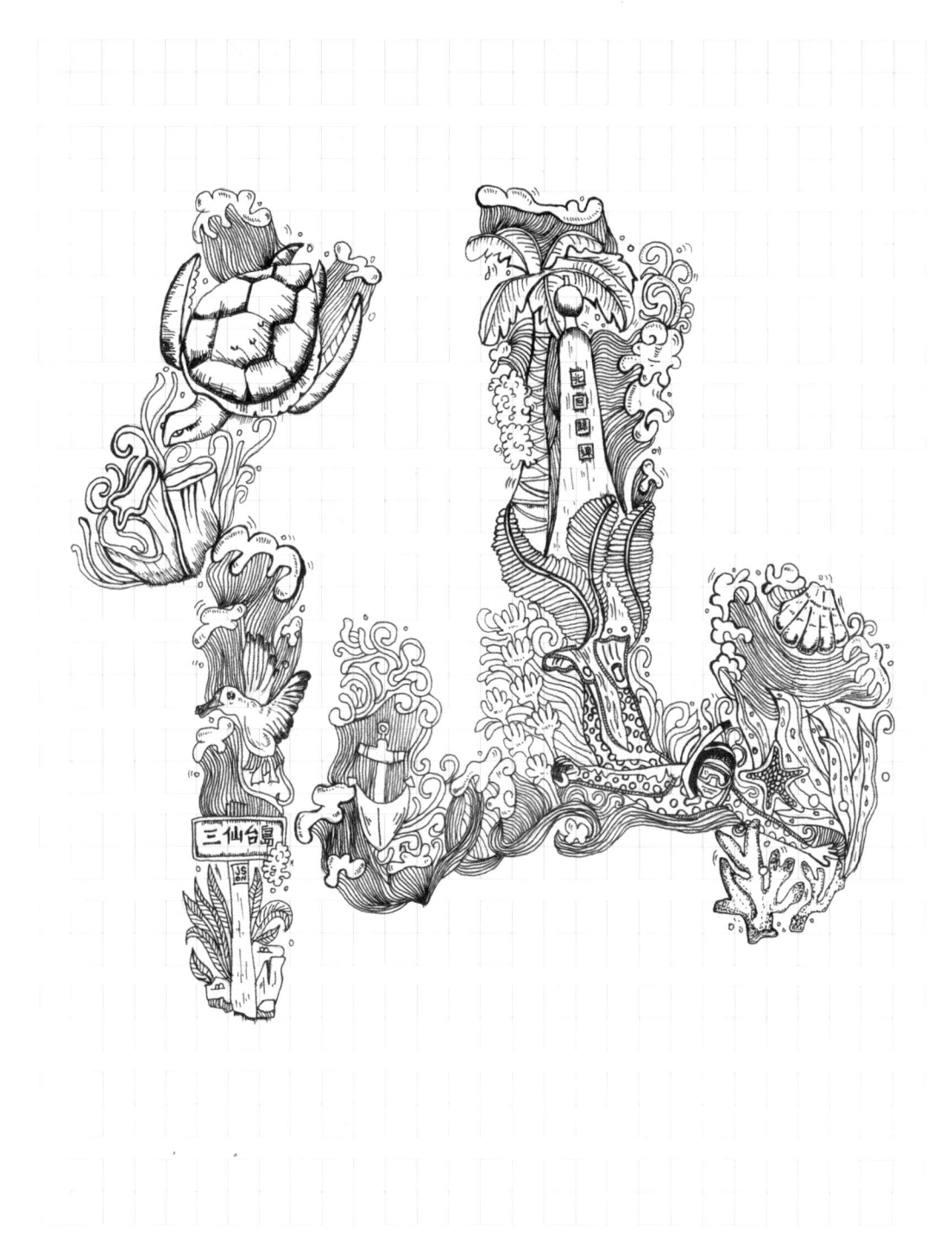

三仙台令人印象最深刻的，莫过于连通三仙台和台湾岛之间的巨型八拱跨海步桥了。早年游客登临三仙台，只能趁退潮时涉水而过，但台东风浪又险又急，所以修成这座桥。现在的游客，站在桥上向下看去，海潮此起彼伏，令人心惊。

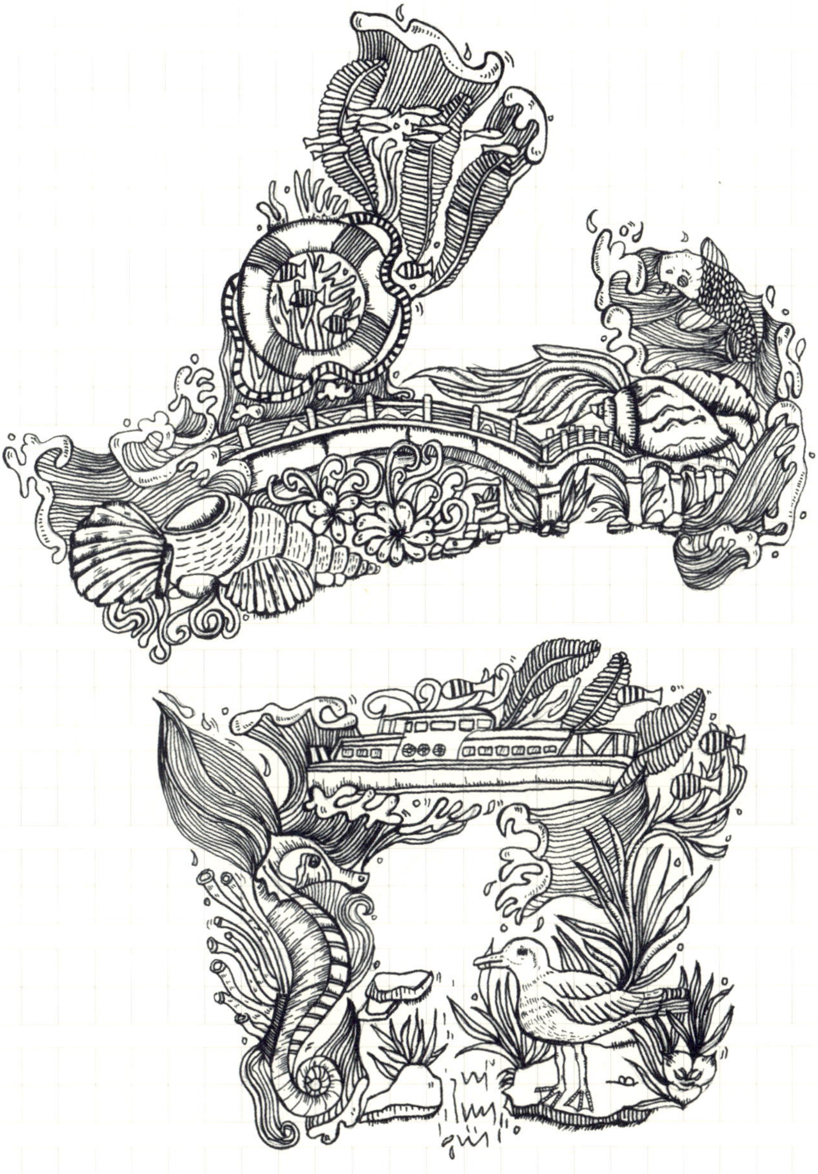

龙山寺
LONG SHAN SI

龙山寺建筑设计精妙，整体采用三段式格局，由前殿、后殿、东西护宝和中央的正殿组成，由上空鸟瞰，呈"回"字形。布局庄重肃穆，建筑装饰精美考究，具有极高的审美价值。

台湾庙里，常常同时供奉佛教和道教的神祇，信徒前来，要拜哪一尊，也常常心中有数，分毫不乱，是台湾一道独特的风景。

龙山寺便是这样一处神佛皆有的寺庙，供奉的神祇也为数不少，观世音菩萨、妈祖、四海龙王、十八罗汉、城隍爷、注生娘娘、山神、土地公，足以让善男信女找到依归。

每逢农历正月、四月、七月，龙山寺都会举办盛大的节庆祭典。花灯展、浴佛节、盂兰盆法会，是台湾乃至其他各地信徒们都十分憧憬的盛会，每到这些节日来临，神明们与百姓同乐，充满了民俗趣味。

仙洞岩
XIAN DONG YAN

基隆港岩崖重叠的一座小山下，有一濒临大海的古洞，即仙洞岩。相传古时有仙人曾于此洞修炼，故有此名。后人多次在洞口加以修筑，以致从外表来看，仿佛一座嵌入石崖的宫殿。

仙洞岩有内外两层。外层为中洞，洞中有石雕神像，洞壁有各种书法篆刻的题字，使这一小小洞窟，俨然一座书法作品陈列室。

内层为里洞，有左右两洞。左洞岩石曲折交错，寒气逼人，深难见底；右洞中有神像石桌，依稀有字迹列于两侧，平添神秘悠远之感。

洞外修建有许多佛教建筑，不远处有古炮台，废弃的城垣，古色古香的建筑，幽深的洞窟，让人不禁感叹历史的沧桑与神秘。

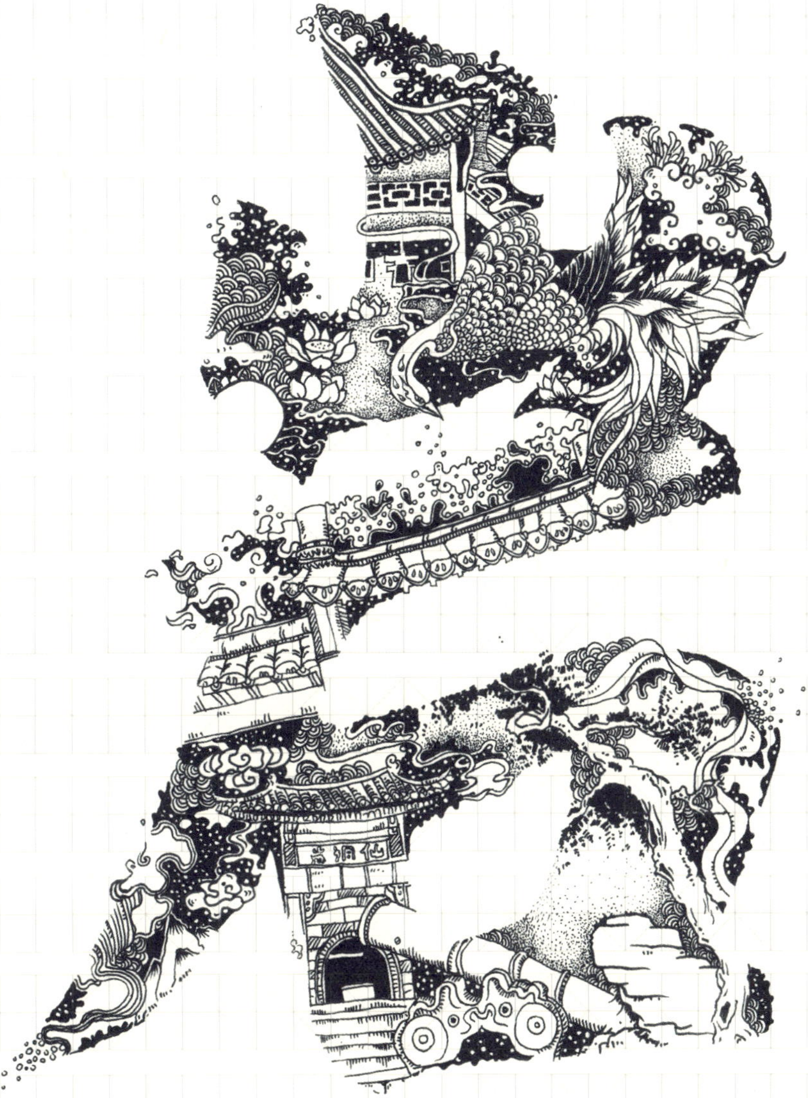

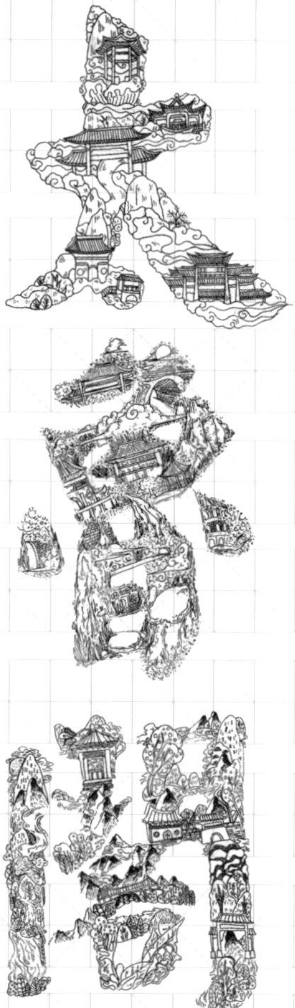

太鲁阁峡谷
TAI LU GE XIA GU

太鲁阁最好看的，肯定是那几近垂直的峡谷景观。千百万年以来，台湾中央山脉的表层岩层被呼啸而过的台风逐渐剥离，大理岩因此露出地表。这些岩石受立雾溪长期侵蚀下切和地壳不断隆起上升的作用，形成了壁立千仞的峭壁、断崖、峡谷、连绵曲折的隧道、大理岩层，以及清澈见底的自山顶而下的溪流，让人感叹造物的神妙。

太鲁阁峡谷有台湾八景之一的"鲁阁幽峡",这里是台湾中横公路的东端起点。走过写有"东西横贯公路"的高大牌楼,两侧断崖深谷,鬼斧神工,临空飞瀑,蔚为大观。还有许多天然岩洞,洞中有燕子栖息,昔年曾有百燕鸣谷的盛景出现。

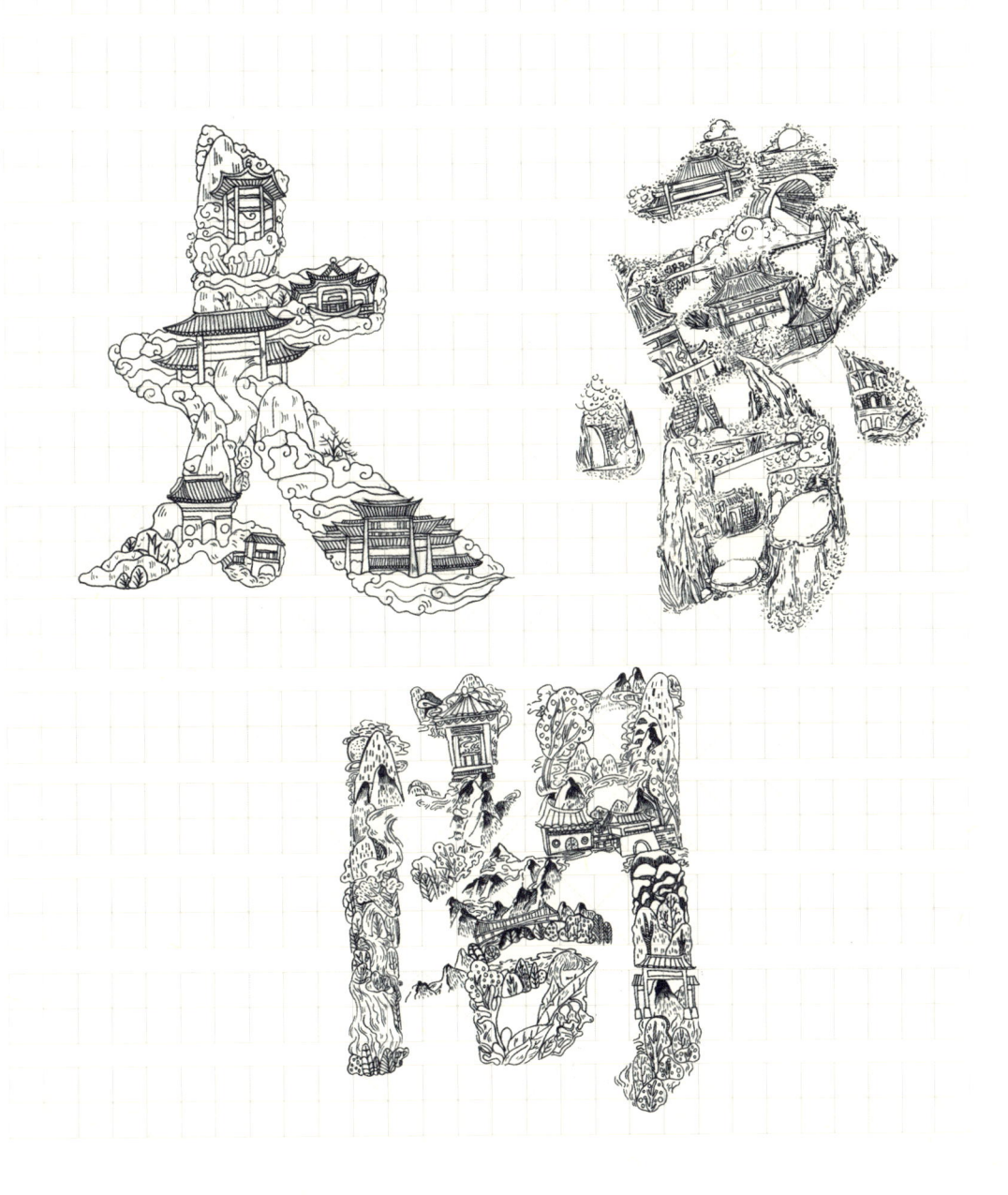

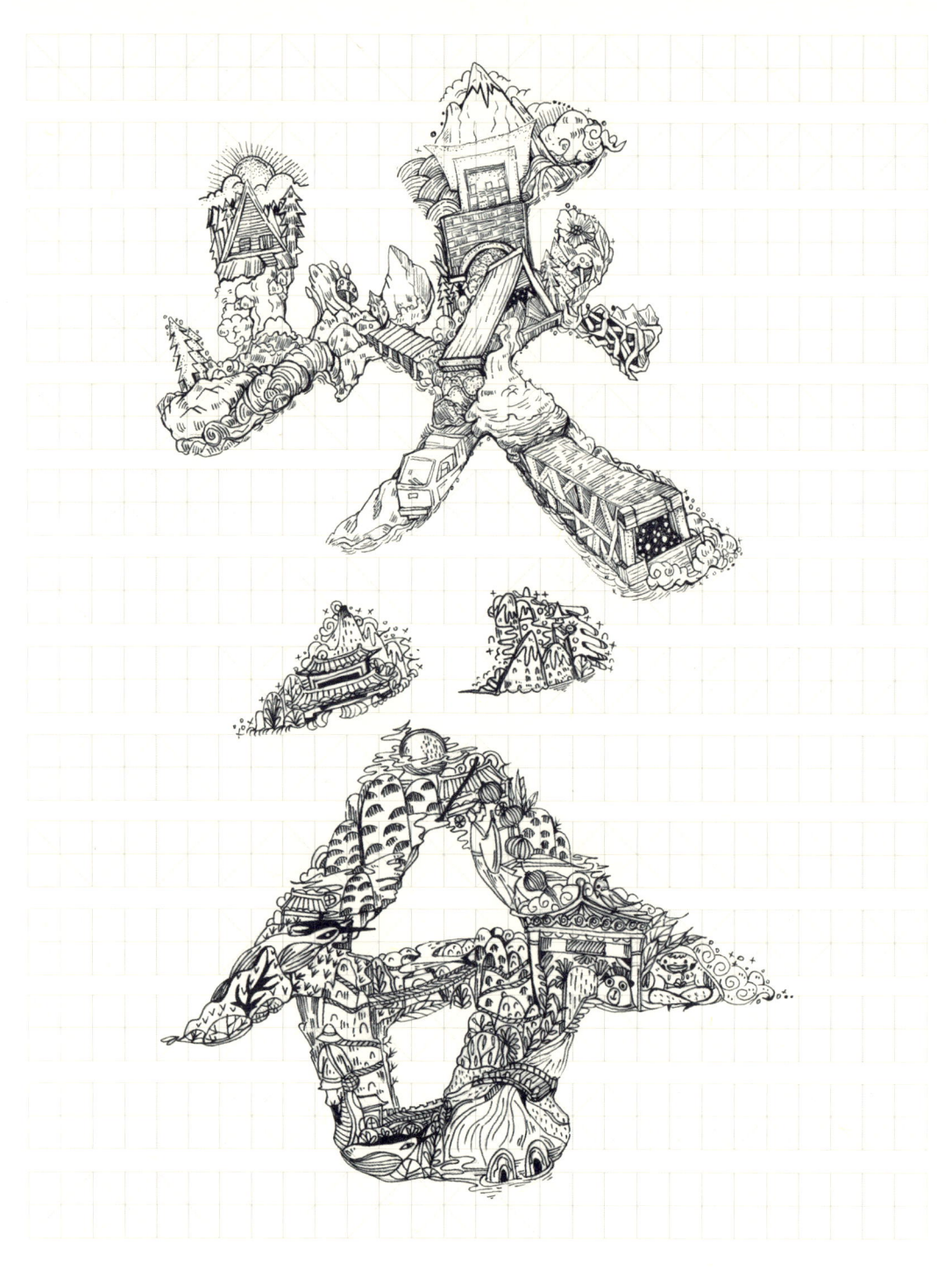

太鲁阁的骨干是人们常去的几处景点，但真正丰富的血脉却是通向深山的一条条步道，如砂卡礑步道、白杨步道、锥麓步道，盘山而上，才能真正饱览太鲁阁的神秘与壮美。

玉山
YU SHAN

玉山太高了，仿佛一支标杆，是许多人仰望的"圣山"。台湾民间也对它有"心清如玉，义重如山"的美誉。

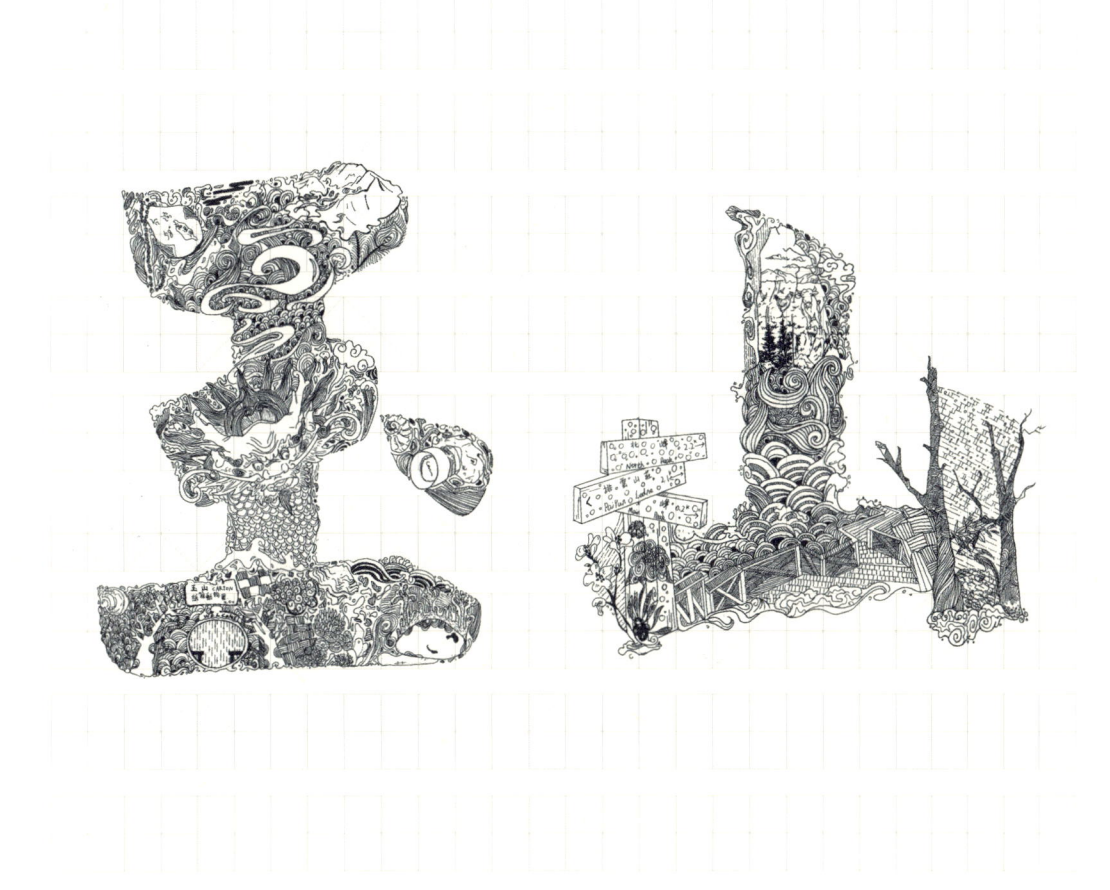

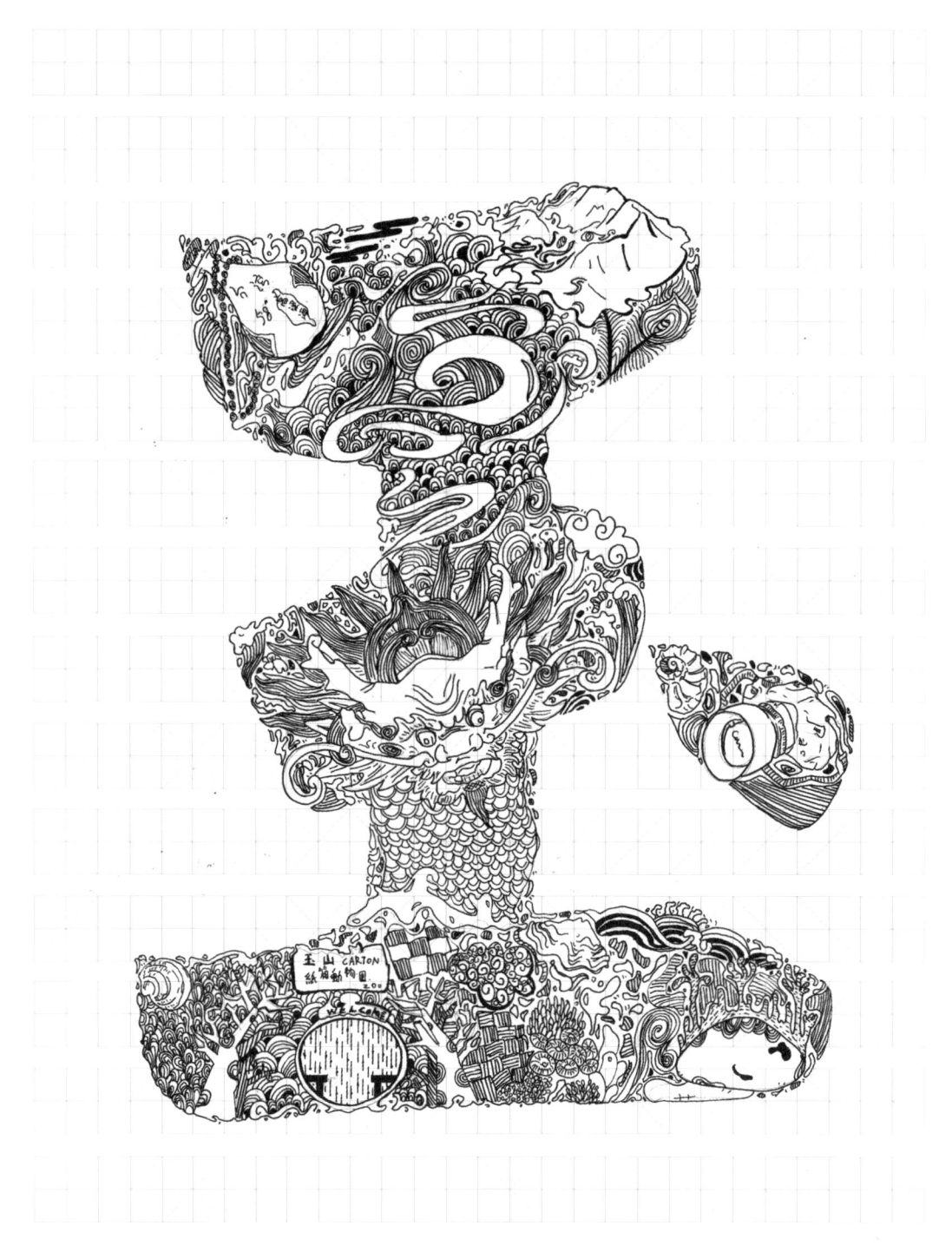

台湾大部分地区常年不下雪，但在玉山上，冬季大雪却是再平常不过的事情，"玉山积雪"也是"台湾八景"之一。春夏秋三季，也有杜鹃、云海、法国菊争奇斗艳，不让大雪专美，这里，无疑是天际线上的一处乐园。

玉山产冻顶乌龙，是亚洲闻名的好茶。山脚下有名为橘子石的特殊玉材，颜色纯净，寓意吉祥。山中生长着各色药材，仿佛一座大自然的宝库。

垦丁
KEN DING

这是一片有着耀眼阳光的美丽地方，位于台湾岛南端，夏季长达九个月，年平均气温却只有 24.5 摄氏度。海洋季风的吹拂，给这里的居民和来往的过客带来舒畅和快乐。

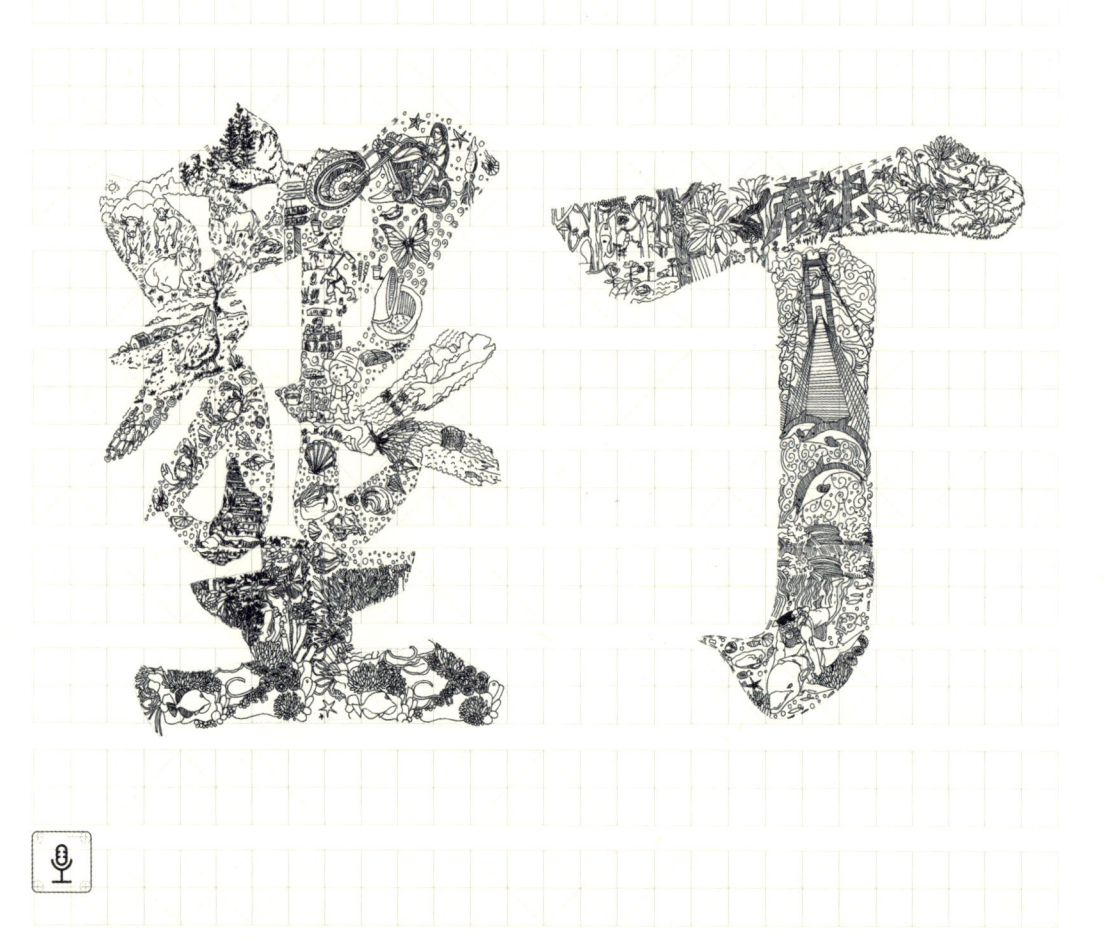

满眼的绿色、金黄色、海蓝色，垦丁的一切，都跟阳光、大海有关。穿上沙滩裤，吃新鲜的海产，玩浮潜，骑沙滩摩托……爽口的莲雾，解渴的椰子，酸甜的芒果、凤梨，大自然对垦丁半点儿也不吝啬。无论年龄性别，都能找到那种阳光满溢的充实感。

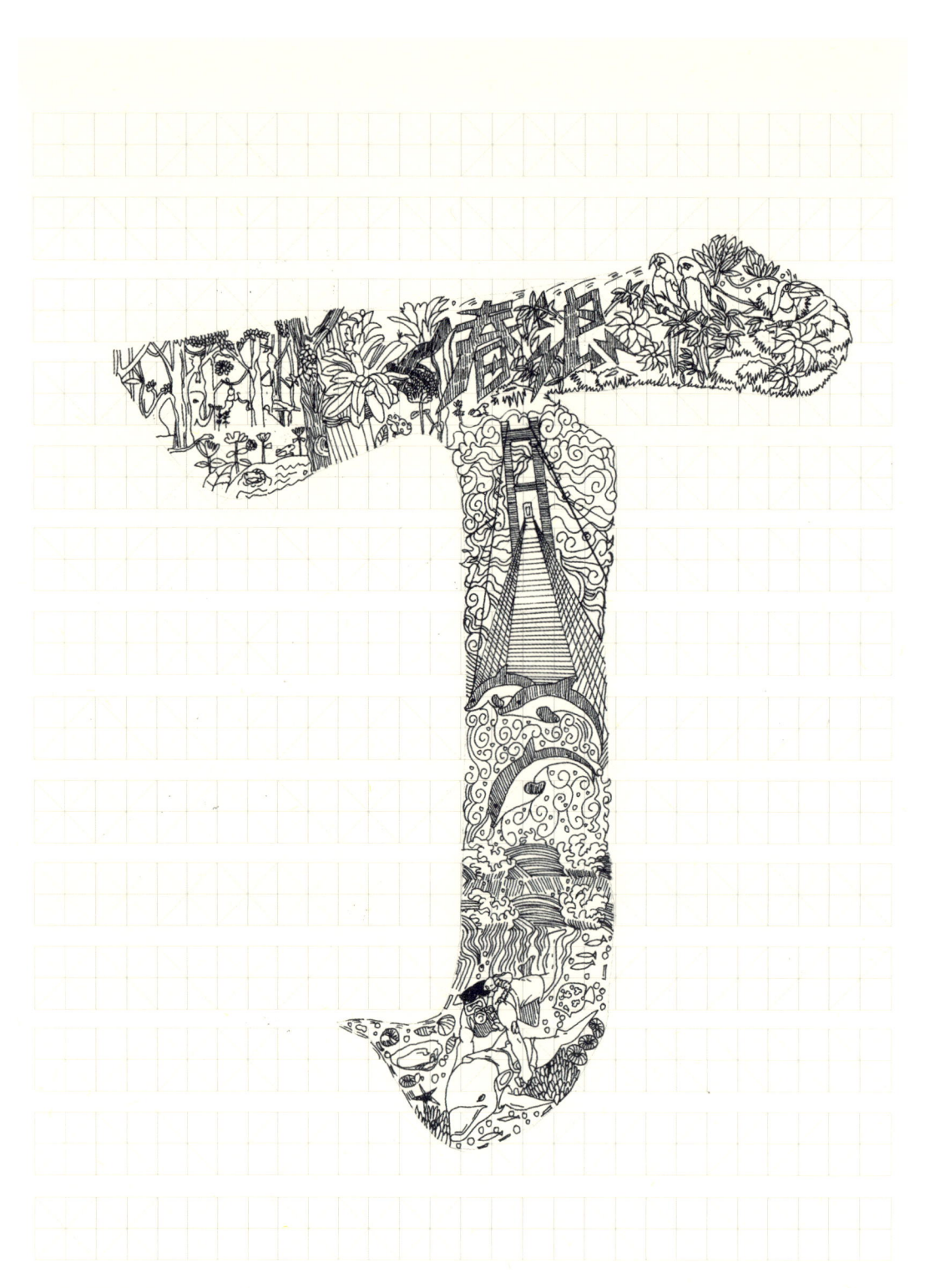

这里很容易找到可以看到海的房子。若有幸赶上四月音乐季，阳光音乐、美女帅哥，实在是一场恣意畅快、放飞自我的奇妙体验。

阳明山
YANG MING SHAN

人们常说阳明山是台北的后山，只是这后山有 1100 米的海拔，也实在是有些夸张。登上阳明山，还可以一睹台北全貌，别有一番趣味。

都说台湾人没看过雪,其实阳明山上是会下雪的,当冬季的雨在台北悄然落下,勤苦工作了大半年的台湾人知道,上阳明山泡温泉看雪的时候到了。

在城市里就能泡到正宗的温泉，又能欣赏清幽的山麓风光，若是再吃几个小馒头，便是一趟完整的阳明山之旅了。上天真是厚待台北人。

阳明山上有林语堂故居、阎锡山墓、中山楼等景观，令原本说不上出奇的阳明山，额外增添了一分历史的厚重。

台北 101
TAI BEI YI LING YI

这高达 508 米的建筑，一直是台北乃至全台湾人心中的骄傲。在 101 顶上俯瞰台北，是真的可以一览无余的，在观景台上绕着圈子，听导游介绍台北的建筑与风情，也是一件饶有趣味的事情。

在多风的地方建筑高楼，并不是一件容易的事情，因为重心会不稳。台北 101 在 88 至 92 楼挂置一个重达 660 吨的巨大钢球，利用摆动来减弱大楼的晃动幅度。每当有强台风来袭时，这个巨大的钢球，会跟着风剧烈摆动，产生地动山摇的威势。

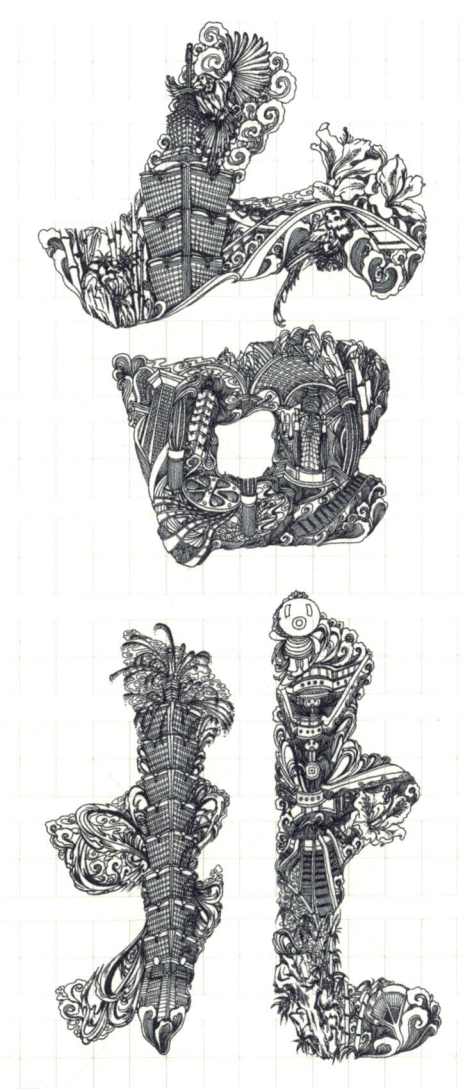

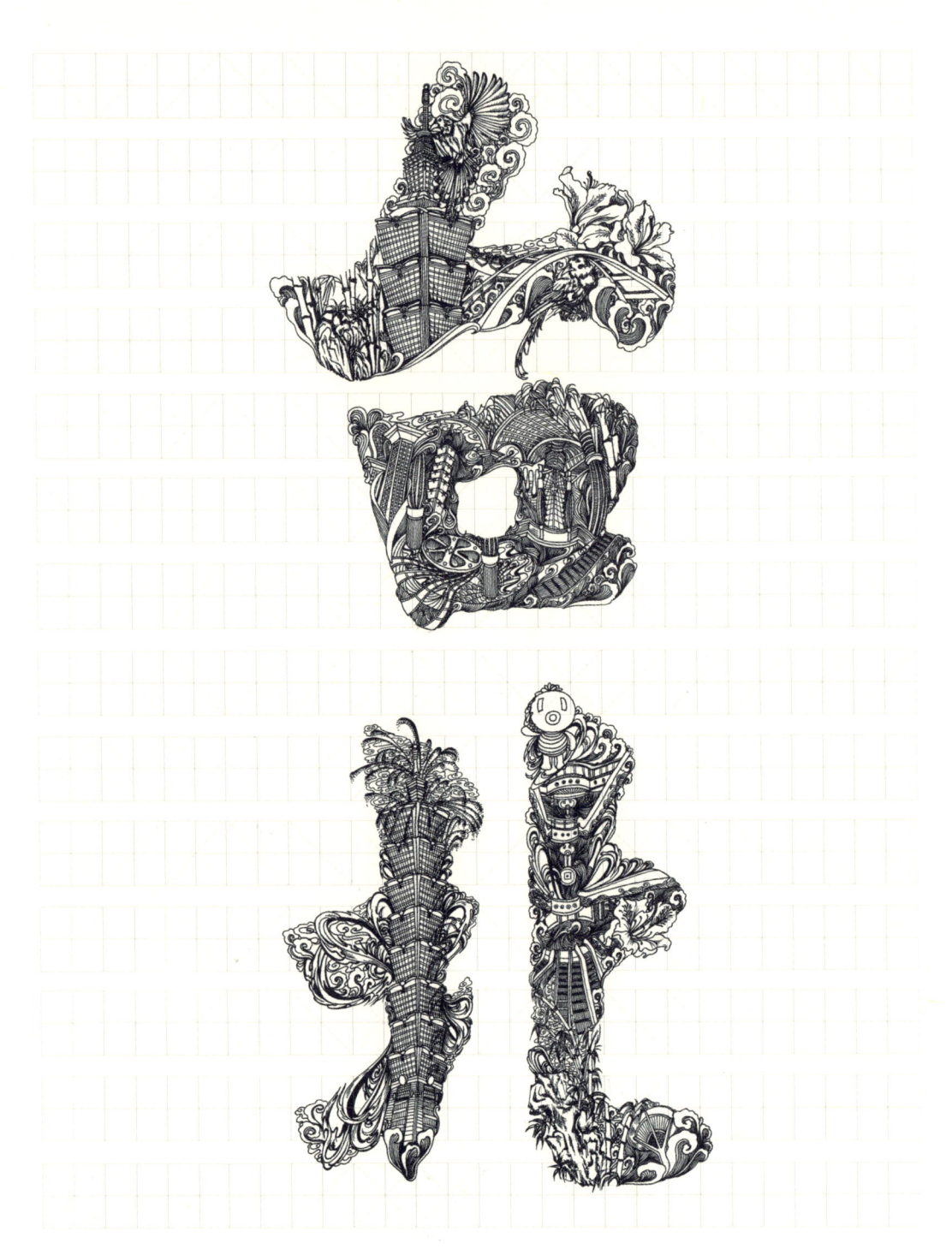

夜间的台北101外观会打上灯光，以彩虹七色为主题，每天更换一种颜色，如星期一是红色、星期二是橙色等，为台北的夜晚平添几分迷人的情致。跨年活动时，台北101还有烟火表演，令人目眩神迷。

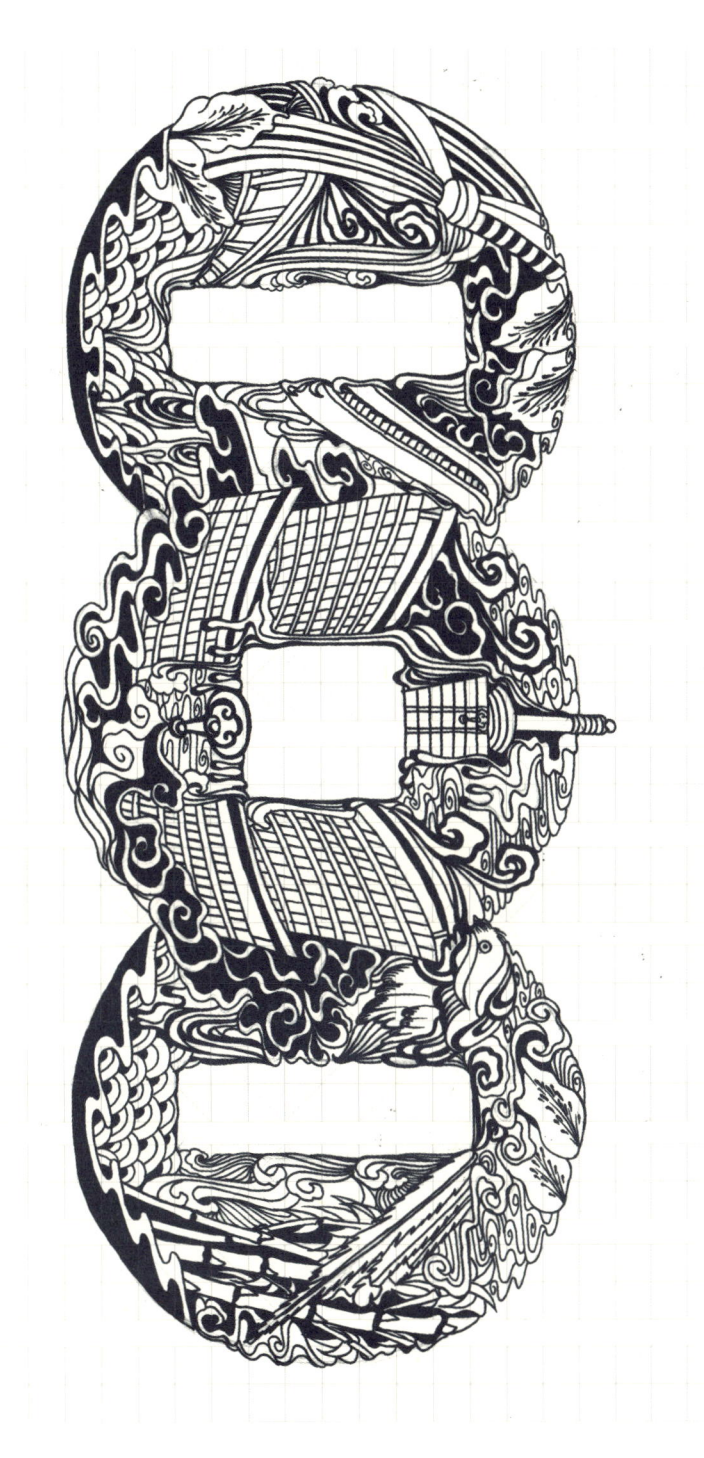

观景台采用斜角的设计，站在观景台最外侧，即使是不恐高的人，双腿也会发软吧。但越是这样，就越是有人想要靠边一点，再靠边一点。据说101曾不许人背双肩包上观景台，因为曾有极限运动者，悄悄背着降落伞从101上跳下，实在惊险无比。

台北故宫博物院
TAI BEI GU GONG BO WU YUAN

台北故宫博物院主体建筑一旁的山中，一共藏有约85万件藏品，每三月更换一次展品，展出约15000件。台北故宫博物院的每次展出，都会有一个特定的主题，所陈列的藏品，无一不是精品。无论是偶尔看看，陶冶一下情操，还是专门为某个主题、某件展品前去一睹究竟，你都不会失望。

但有三件常设的展品是一定要看的,即人们戏称的"猪肉白菜锅":肉形石、翠玉白菜、毛公鼎。肉形石有模拟自然的妙处;翠玉白菜雅俗共赏,背后的恩怨情仇故事也足以让人动容;至于毛公鼎,则会令每一个炎黄子孙由衷地骄傲和赞叹。哪怕只看这三件,也可说不虚此行了。

如果想安安静静欣赏藏品，避开拥挤的人潮，可以备足精神，选择夜场参观，在现代化的场馆里，来一场跨越千万年的精神之旅，足以让灵魂得到升华。台北故宫博物院一旁，还有张大千的摩耶精舍，有安葬张大千遗骨的梅丘立石，收藏有张大千及其后代捐赠的大量画作和收藏。

爱河
AI HE

我总觉得，误会是有诗意的，误会可以成就浪漫的诗人。比如"自己"和"自已"，是心中的情怀不能压抑。"州"写作"洲"，是智者乐水，是爱智慧。比如高雄的爱河。

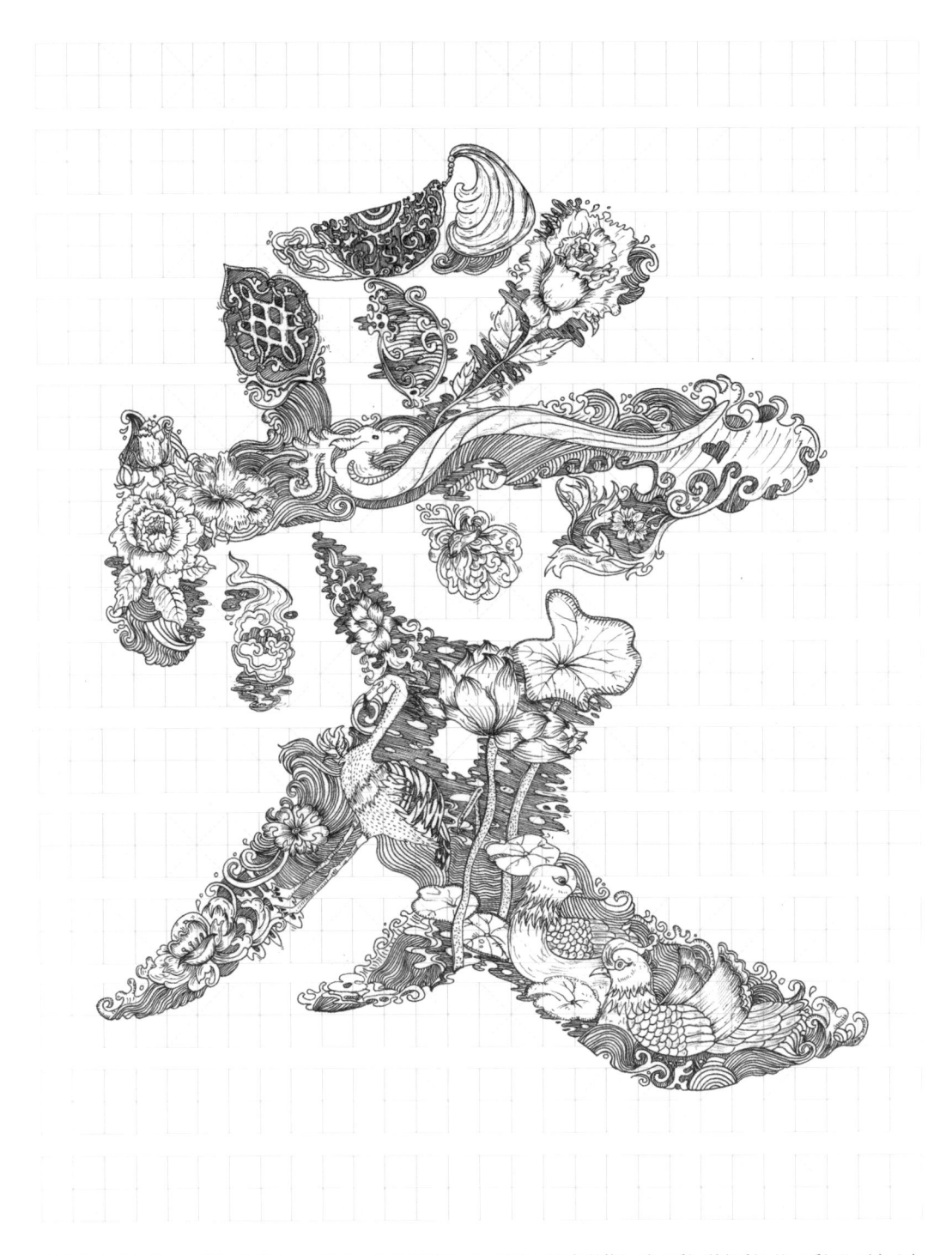

爱河的命名就是一个美丽的误会。一对恋人在此殉情而死，采访的记者误将河畔"爱河游船所"的"爱河"两字（当时，"游船所"三个字被台风吹掉了）当作此河的名称，于是以"爱河殉情"为报道标题，爱河之名不胫而走。爱河应该是不能游泳和洗澡的，不能沐浴爱河的躁动的情侣们，只能无可奈何地勾着手，牵着狗，看河上的爱船慢悠悠。

在爱河上，肯定要坐一坐爱之船，顺流而下，看夜景霓虹和两岸风光，悠闲的市民和憨厚的老宠物，让人不知不觉就放松下来。

古早而市井的香甜

美食

蚵仔煎
KE ZAI JIAN

台南安平、嘉义东石、屏东东港，都是盛产蚵仔的养殖地。取新鲜饱满多汁的蚵仔牡蛎，和入红薯淀粉调匀的浆中，热油煎熟，便成名吃。蚵仔煎原本是穷苦贫民果腹之物，如今，却成为一道闻名华人世界的美食了。

担仔面
DAN ZAI MIAN

台湾多台风,每逢被称为"小月"的台风季节,渔民们无法出海打鱼,生计无着,只能挑担卖面,也即担仔面,度过这艰难的"小月"。如今的台湾担仔面,以甜虾熬制汤头,配以经过长时间熬煮的卤肉爆炒而成的肉燥,深受人们的欢迎。

甜不辣
TIAN BU LA

甜不辣是 Tempura（日本料理中的天妇罗）的音译。但台湾的甜不辣又跟日本天妇罗有些不同，是将肉、海鲜、鱼肉等一些食材制成浆，然后与面粉混合而成。通常在关东煮、麻辣烫、火锅等美食中出现，也可以炸透了蘸着泰式甜辣酱吃。还可以与芹菜、花菜、西兰花、莴笋等同炒，是道简单又实用的家常菜。甜咸适口，鲜香扑鼻。

咸酥鸡
XIAN SU JI

咸酥鸡是台湾街头巷尾最为常见的美食，无须去专门的小吃街，也能买到吃到。咸酥鸡用台湾人人都爱的九层塔，搭配裹着一层地瓜粉的鸡肉，酥炸而成。外层金黄酥脆、内层嫩香可口。炸好的咸酥鸡可以加椒盐、孜然粉、辣椒粉，乃至番茄酱，各有风味，一口咬下去，滋味绵长，好吃得一不小心就会咬到舌头。

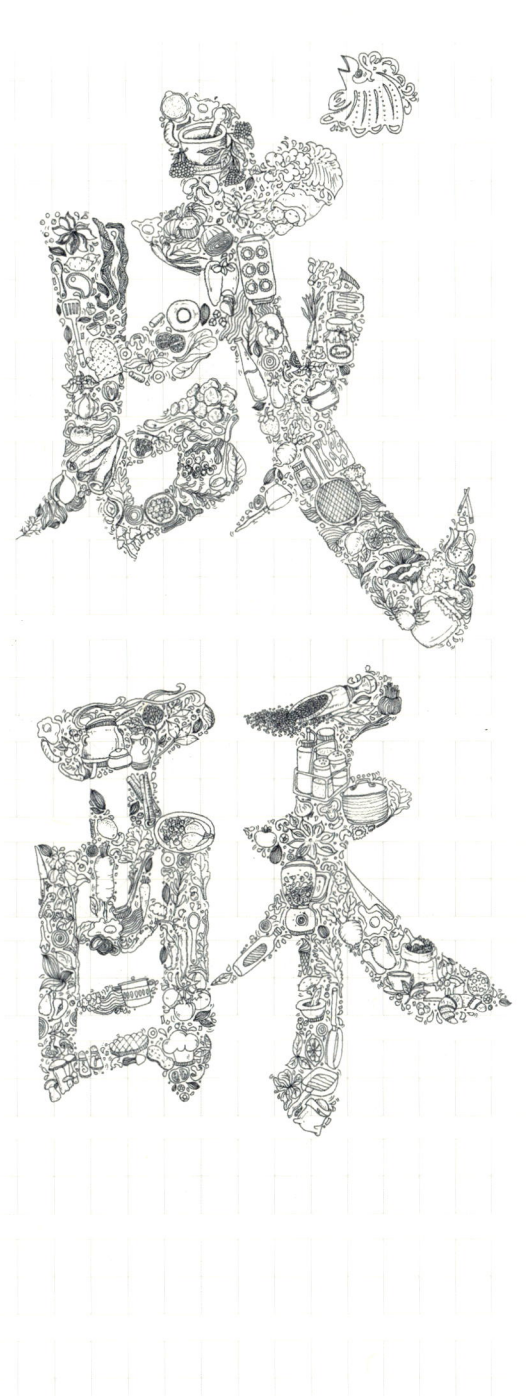

珍珠奶茶
ZHEN ZHU NAI CHA

珍珠奶茶大概算是台湾小吃当中较为年轻的，诞生于20世纪80年代，将台湾特产的木薯粉圆，加入到奶茶之中，这一点小小的改变，居然令人们趋之若鹜，成为街头巷尾饮品店的招牌饮品。

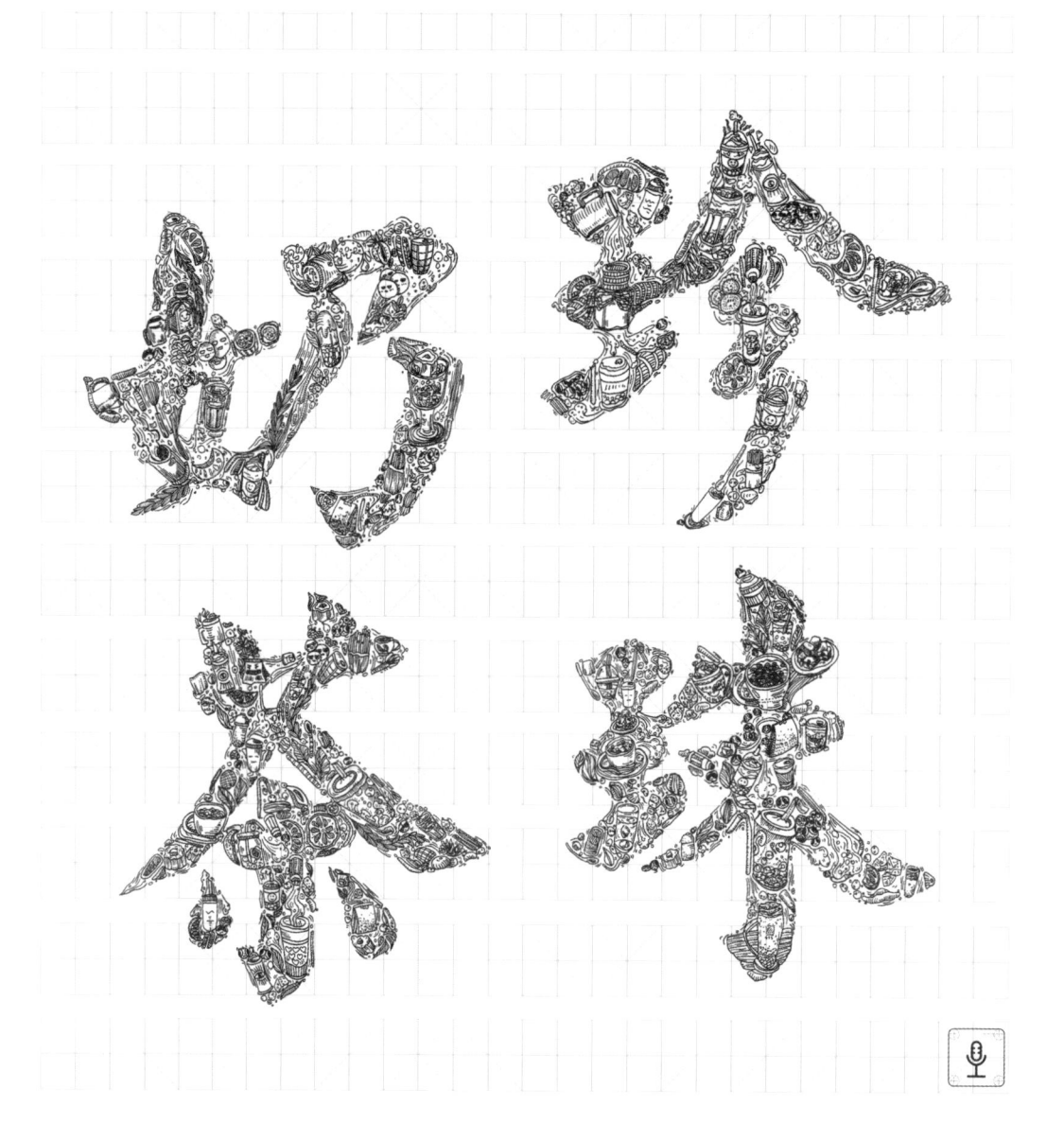

卤肉饭 LU ROU FAN

颗粒圆润饱满的米饭上铺上卤肉，搅拌一下，米饭充分吸收到香浓的卤汁，馋嘴的人可以轻松扒拉完一碗，这，就是卤肉饭。

舒国治在《台北小吃札记》中写道：卤肉饭的肉必须切成小条，肥、瘦、皮皆在那一小条上，浇得白米饭顶，危颤颤抖动方成。切不可用绞肉，绞肉便尝不到肥肉的晶体，已被绞成油水；也尝不到瘦肉的弹劲，已被绞成柴渣。

太阳饼　TAI YANG BING

太阳饼以高筋与低筋面粉按比例掺合成为面团，加猪油揉匀，形成松爽的外皮；另将麦芽糖调好作馅，包成饼，烘烤而成。外皮酥松，馅不粘牙，香甜可口，不腻不粘。太阳饼的形状近似圆形，饼皮酥而易碎，食用时容易掉落。吃法大体上有两种：一是配浓茶食用，先喝一口茶让嘴巴保持清爽，再吃饼，才好细细体味太阳饼的滋味；二是放在碗里，用开水冲泡食用，也别有风味。

葱油饼
CONG YOU BING

人类对于油脂和淀粉的喜爱，是深刻地烙印在基因当中的，而能将油脂和淀粉的魅力，发挥得淋漓尽致，而又大巧不工的，非葱油饼莫属。台湾葱油饼很重要的一条是使用高温的水搅拌面粉，这令面粉中的淀粉充分糊化，令煎出来的饼外酥里嫩，层次分明。

香鸡排
XIANG JI PAI

谁都无法否认，鸡胸肉不好吃，多数时候，只有迫切渴望减肥的人，才会硬着头皮，强颜欢笑地吃下去，只是因为它的热量够低。

聪明的台湾人别出心裁，将鸡胸肉腌渍，裹一层炸粉，放入高温中翻滚油炸，鸡胸肉那种食之无味的感觉顿时消失，变得饱满多汁、鲜香酥脆起来。

肉圆　ROU YUAN

台湾肉圆以甘薯粉制作外皮，内里包裹各种肉馅，佐以香菇。肉圆先蒸熟固定外形，食用时再清蒸或者油炸即可，外皮嫩香，馅料鲜美，有台湾古早的味道。到了夏天，还可以蘸酱吃，皮"Q"馅足，风味更佳。

鱿鱼羹
YOU YU GENG

鱿鱼羹浓稠中带点香气，鱿鱼肉鲜美弹牙，实在是一道非常有特色的小吃。所用的鱿鱼，是经太阳曝晒或烘干去掉水分制成的干鱿鱼，烹调时，泡发煮熟，放入以蛋花、笋丝、沙茶、柴鱼等调味煮成的勾芡羹汤，再加上些许九层塔，淋点乌醋，配上蒜泥、辣椒酱，使之具有咸、甜、芬芳三重滋味。若嫌分量不够，可在羹里加油面、米粉、冬粉，足饱一餐。

车轮饼　CHE LUN BING

台湾人对红豆情有独钟，别称红豆饼、长得像车轮的车轮饼，也受到了许多台湾人的喜爱。
吃车轮饼一定要吃刚出炉的，趁热口感最佳。金黄色的外皮，软糯的内里，饱满的红豆馅料，仿佛只要轻轻一咬，就会挤出来似的，这种甜而不腻的美食，让人不自觉就会吃多。如今的车轮饼，除了红豆以外，又富有创意地增加芋头、奶油、紫薯等多种口味，让人只想大快朵颐。

先锋而诚恳的话语

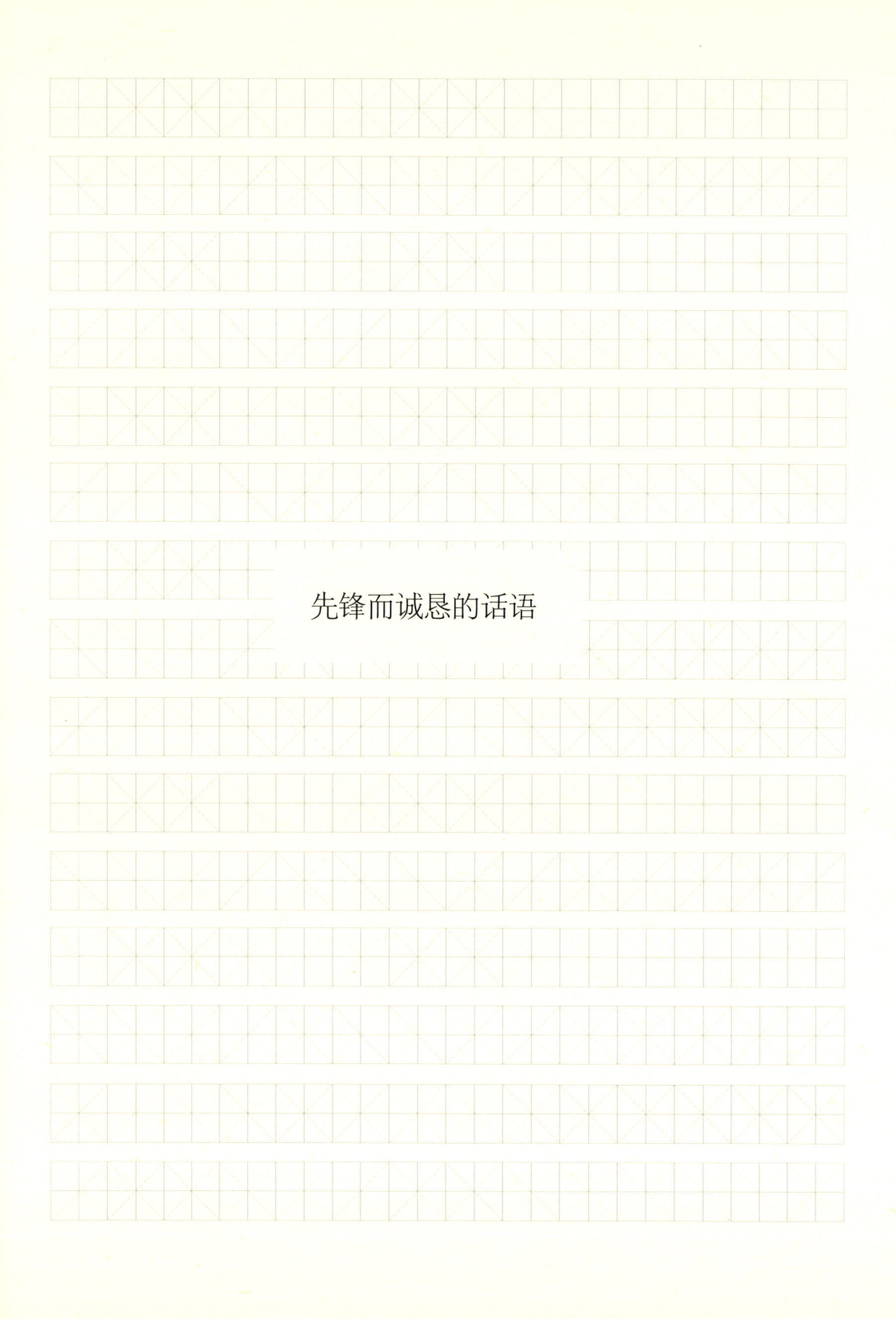

方言

118

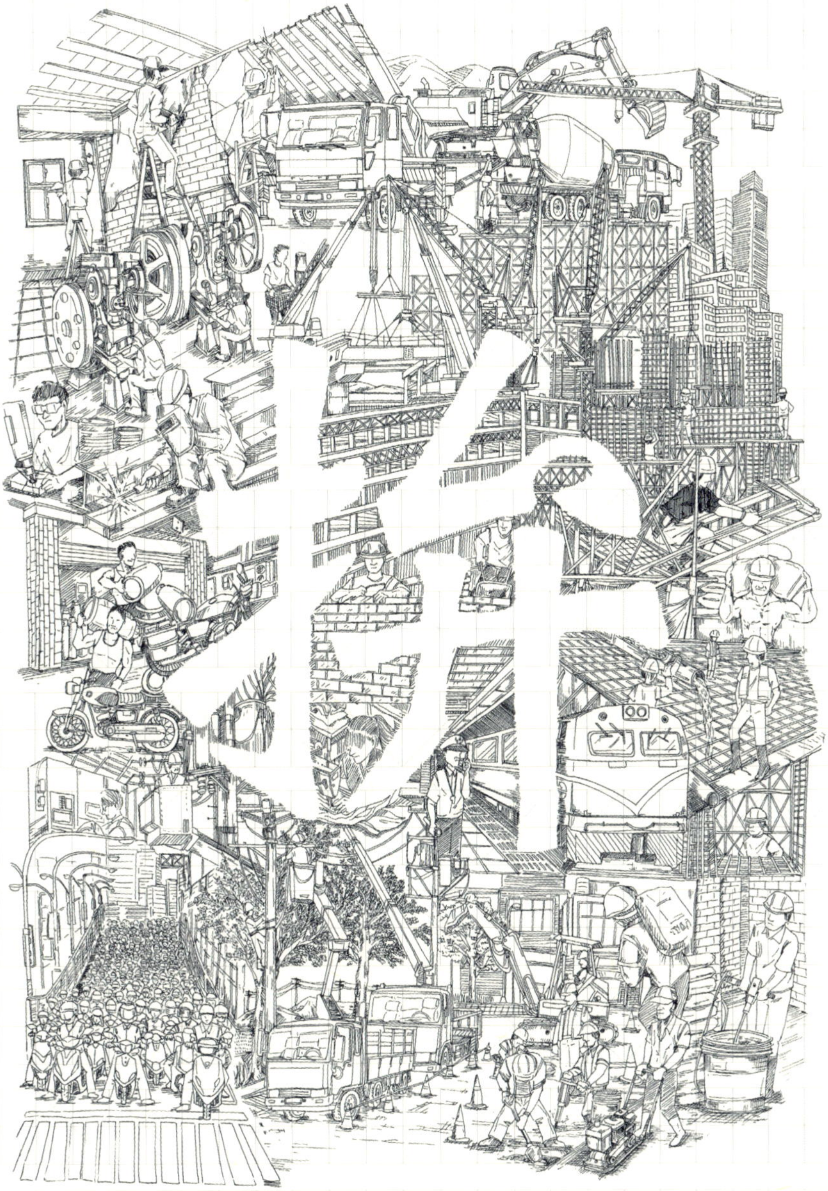

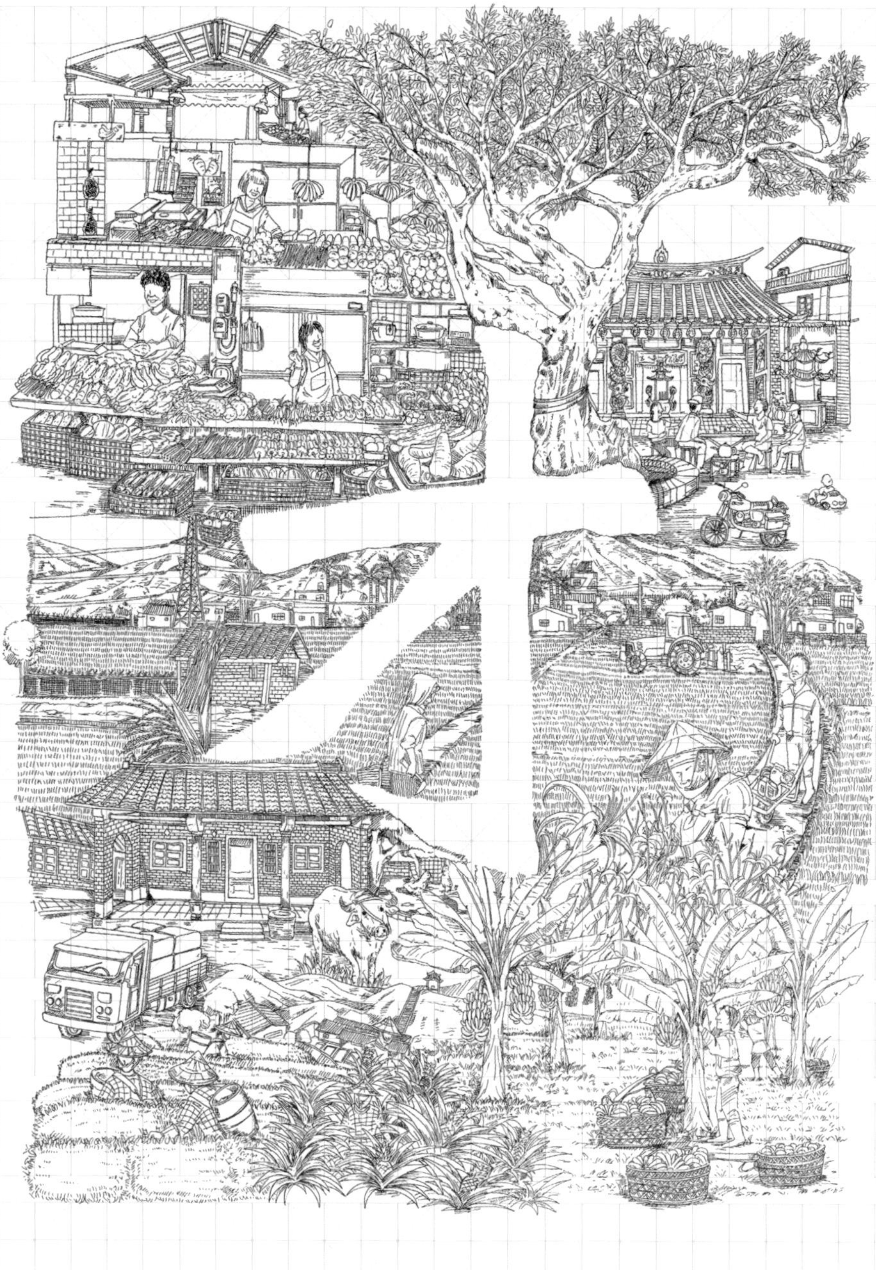

121

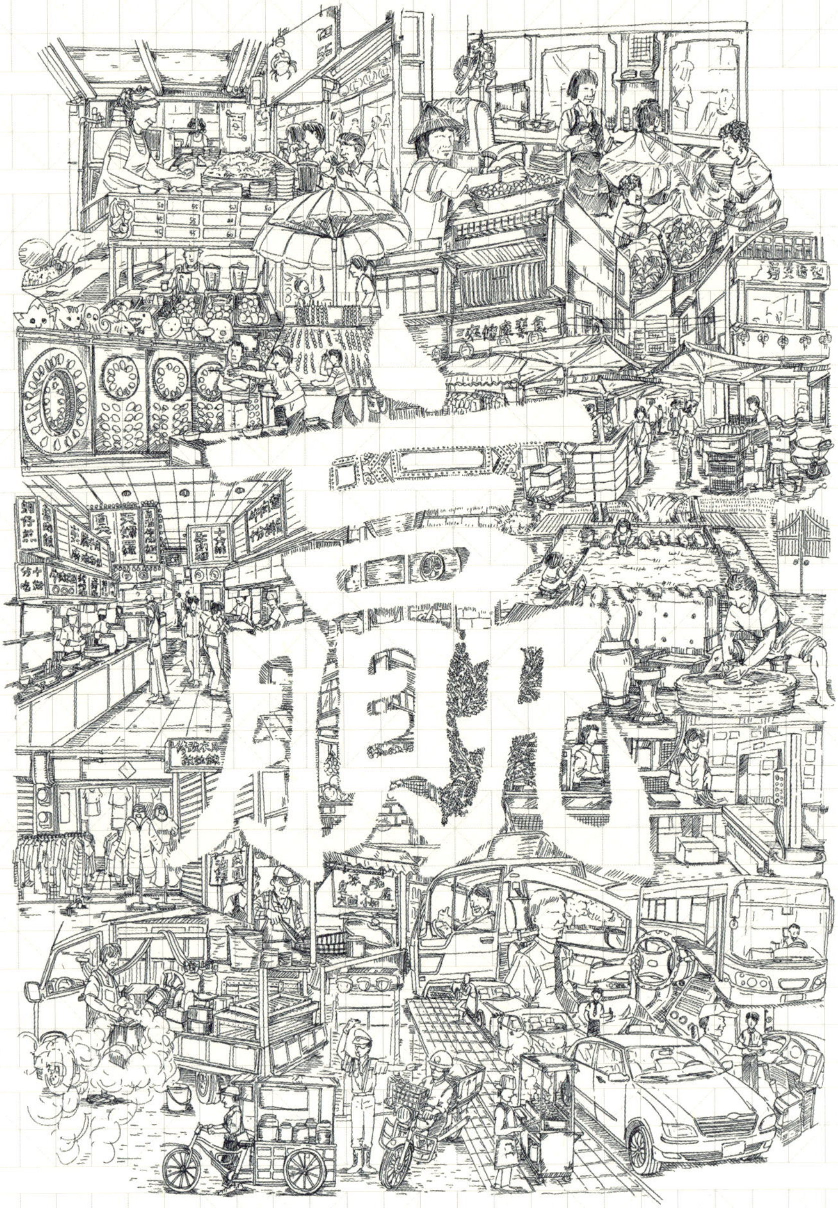

123

市場

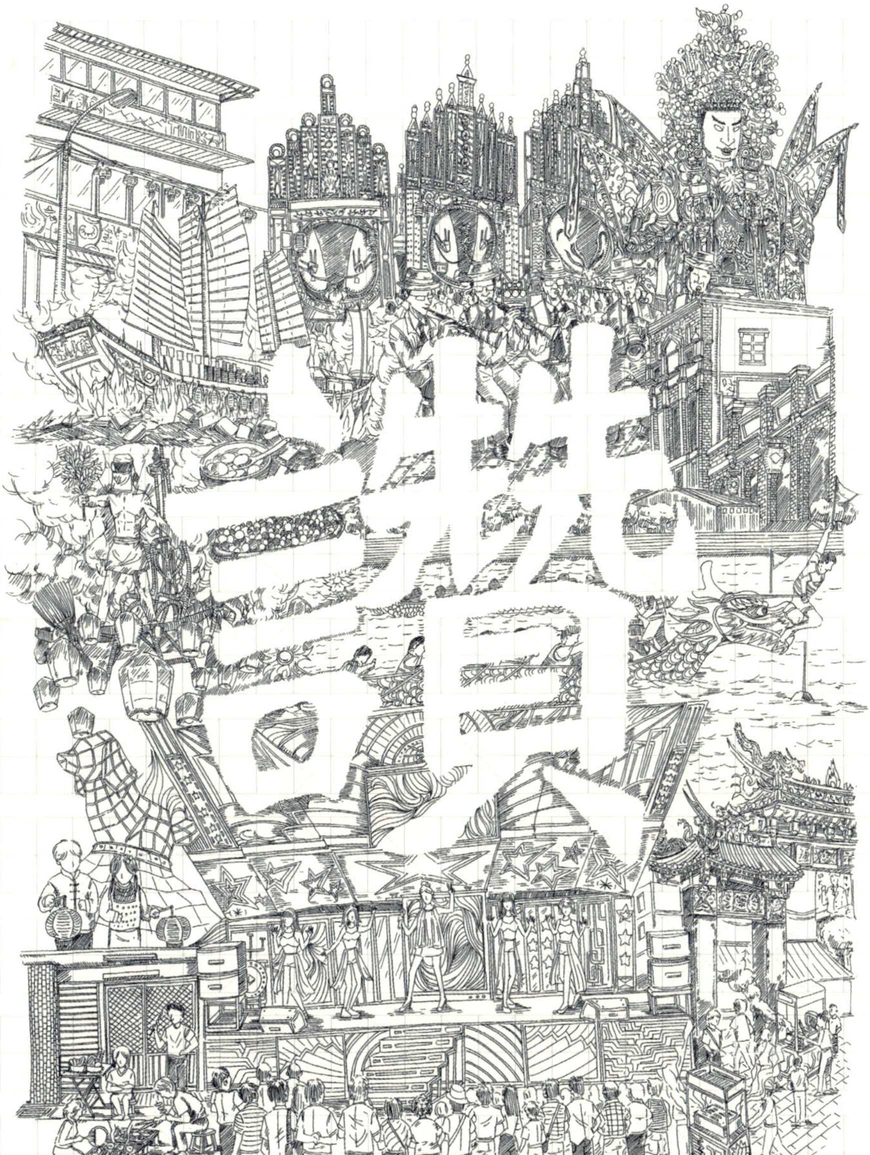

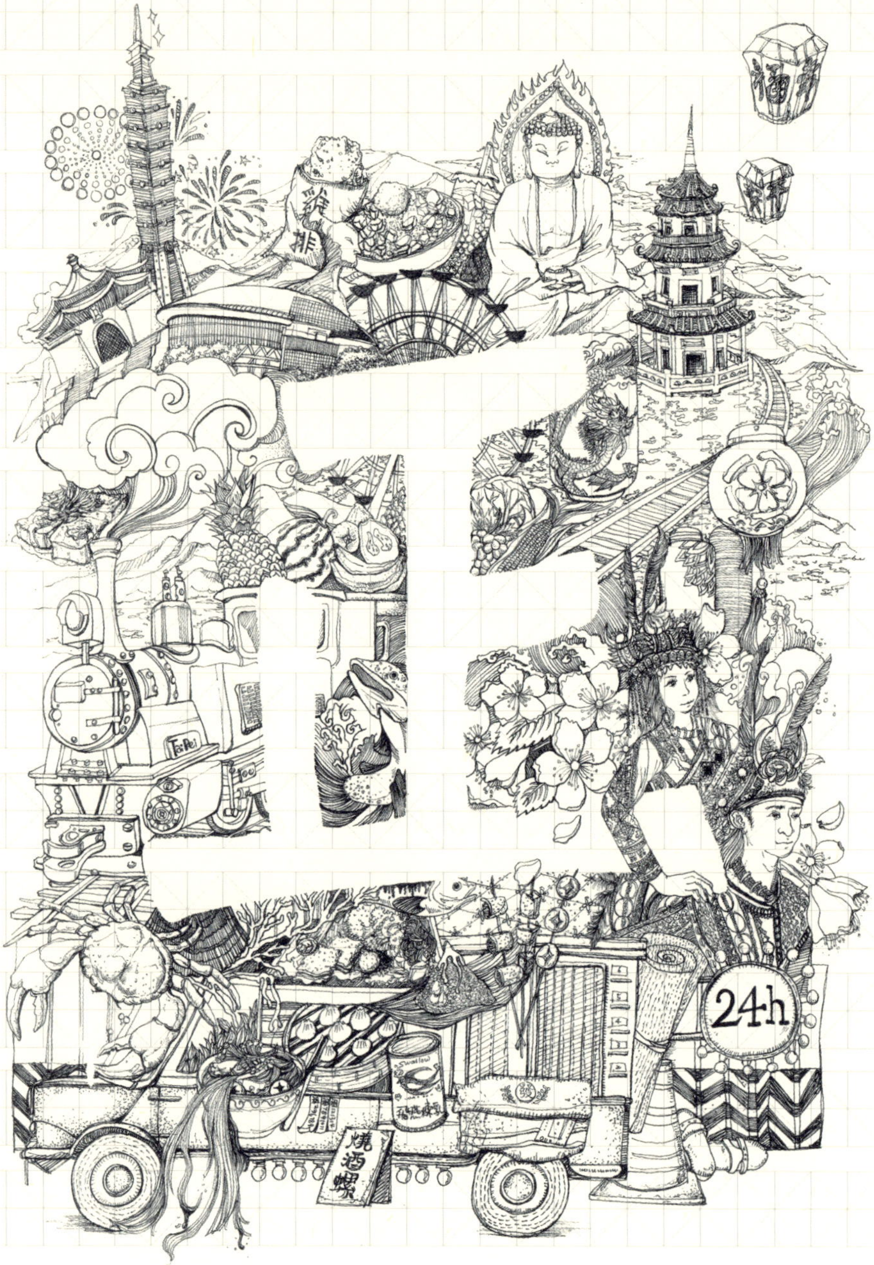
雞排
Tai-Pei
Swallow
燒酒螺
24h

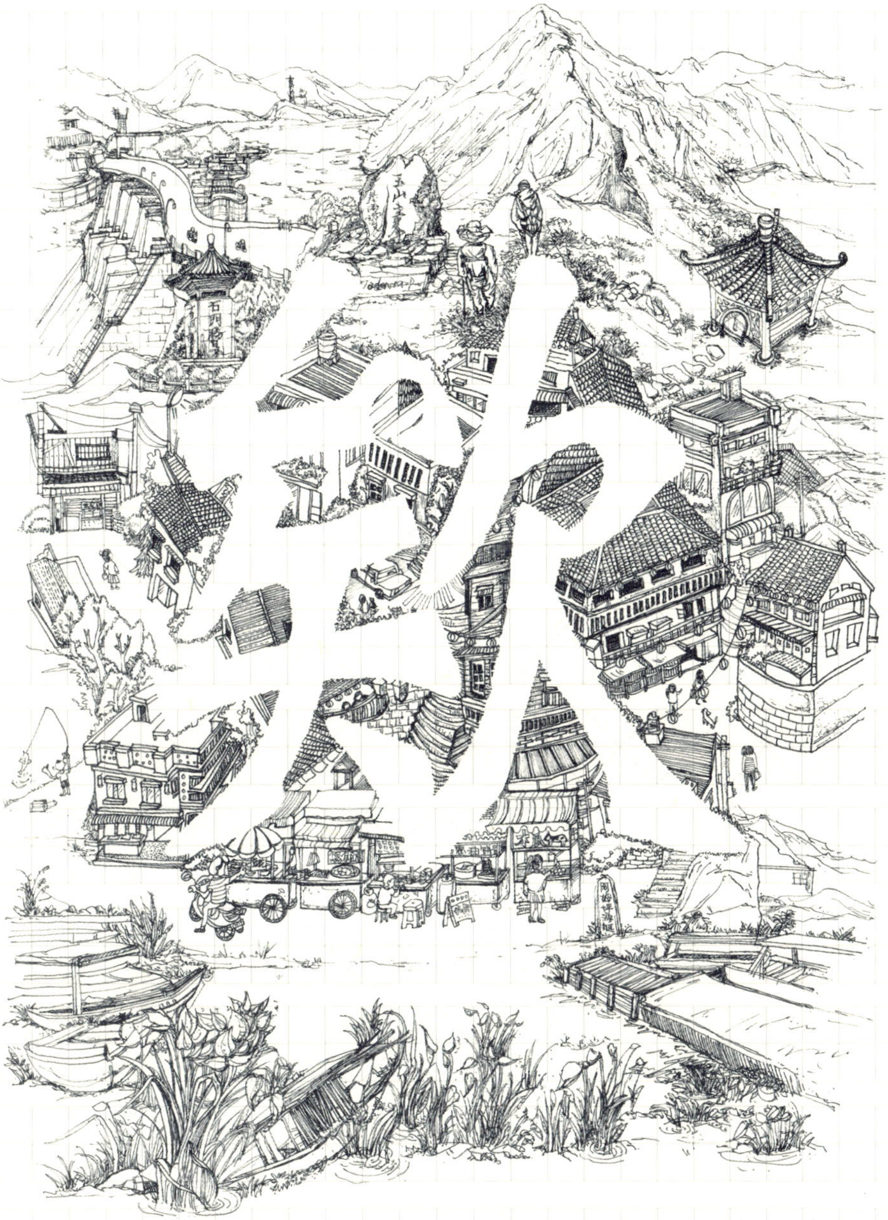

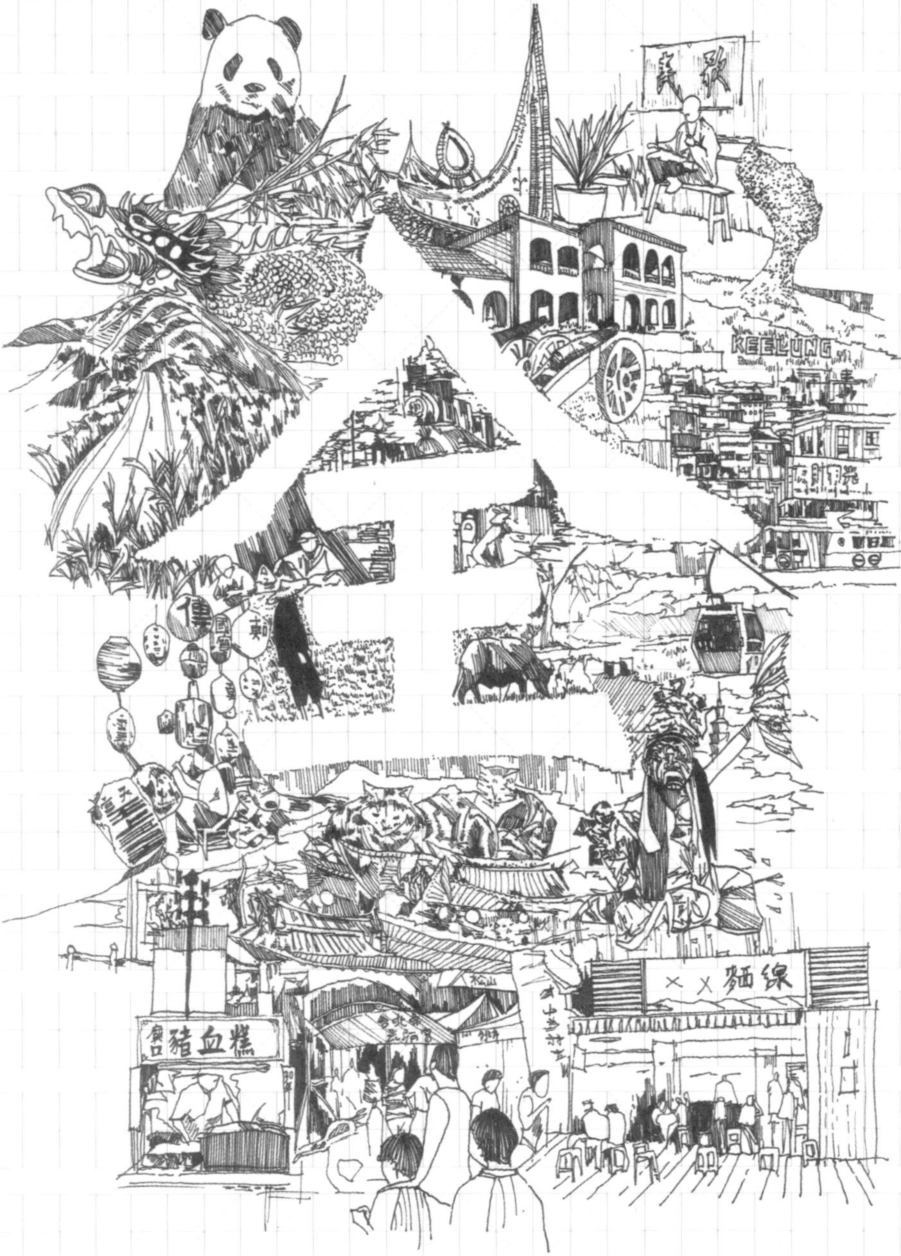
KEELUNG
×× 麵線

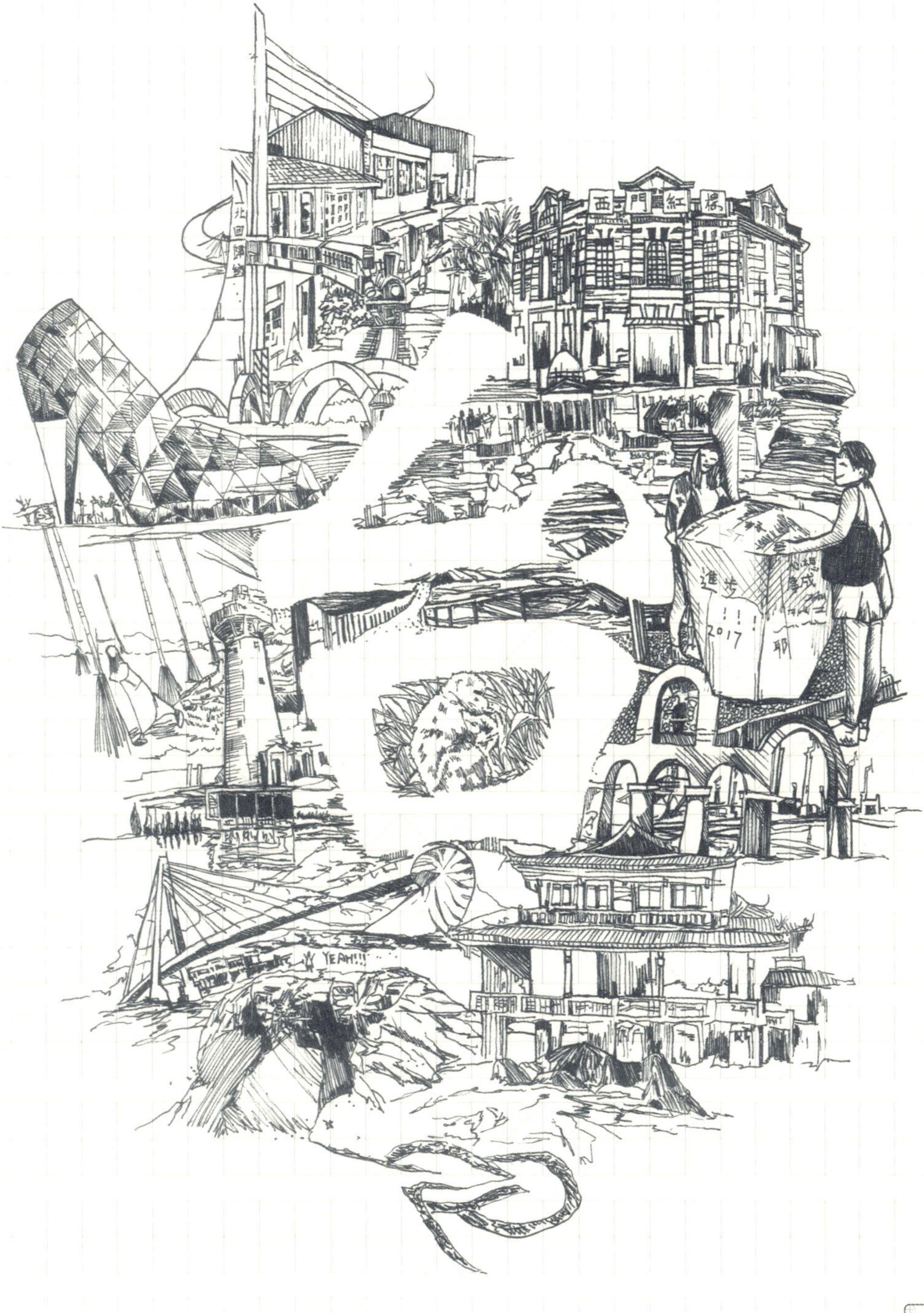
西門紅樓
進步
2017
YEAH!!!

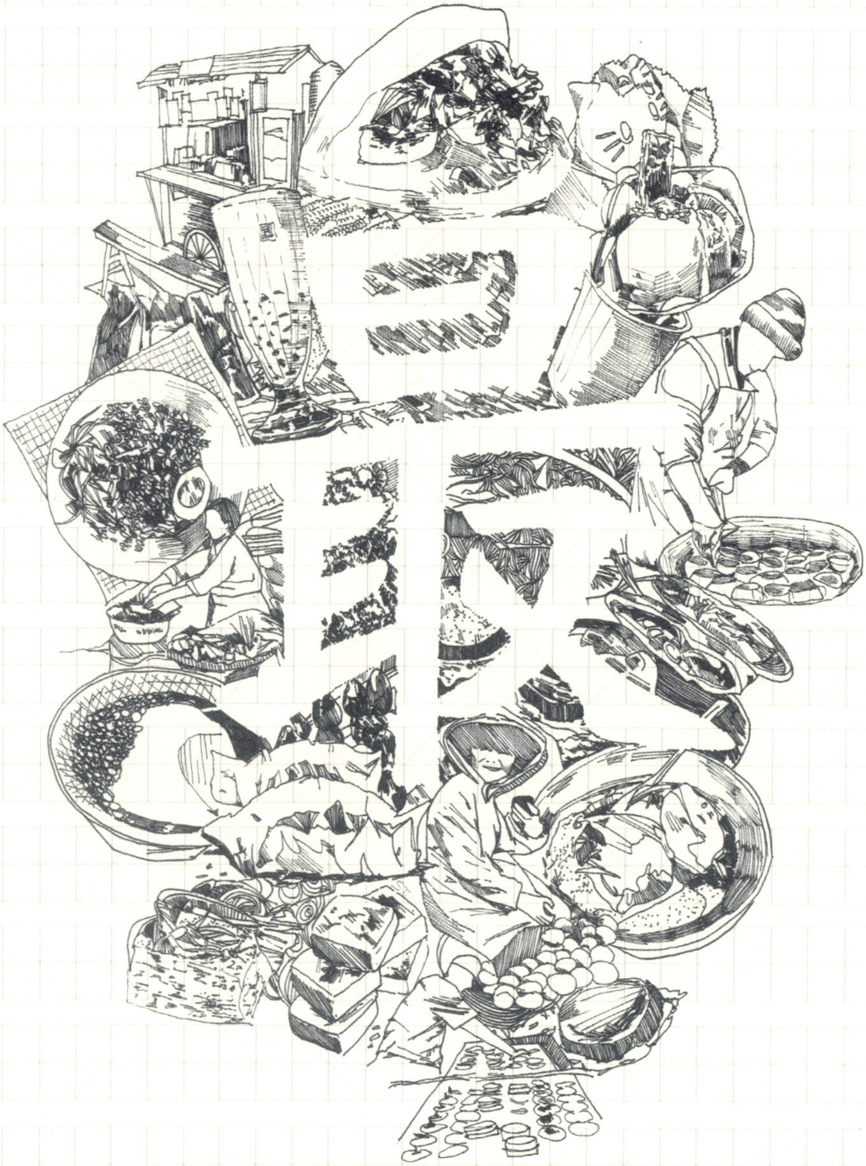

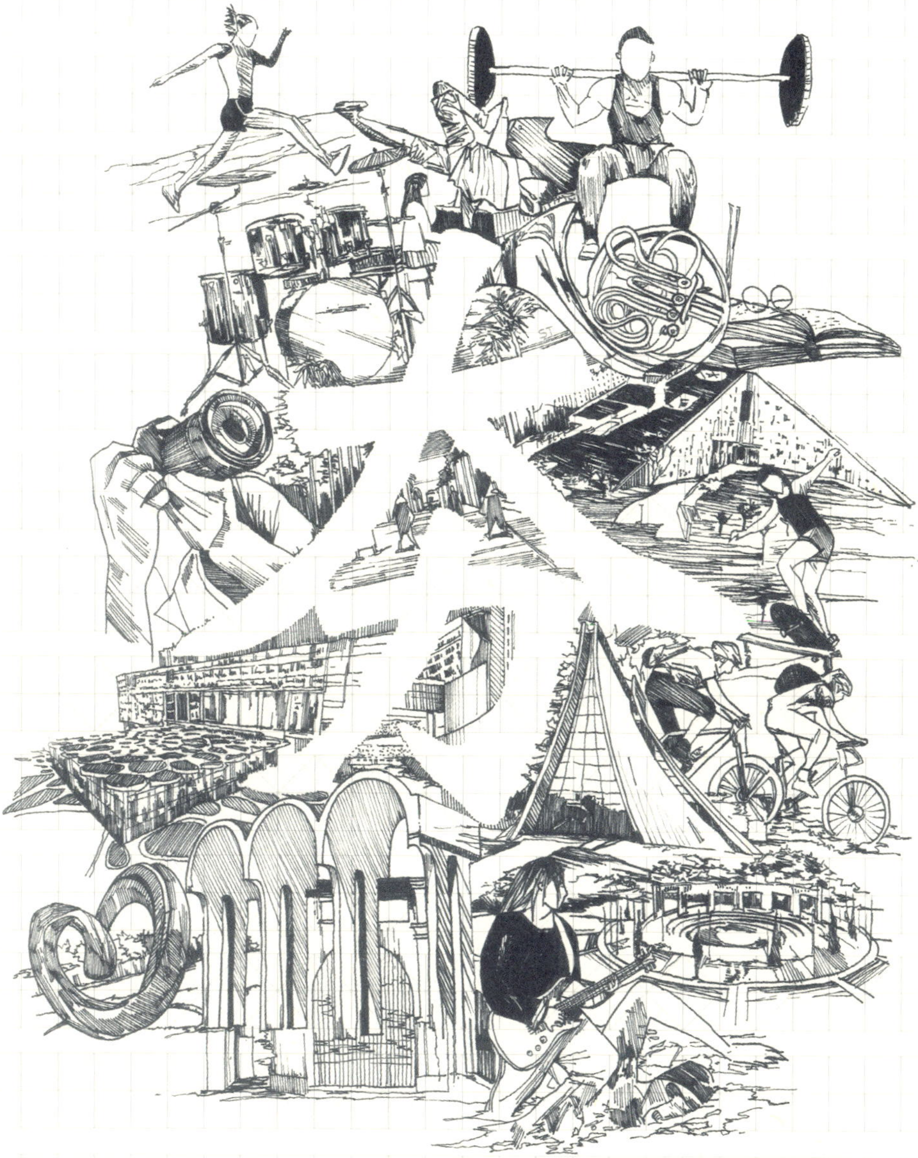

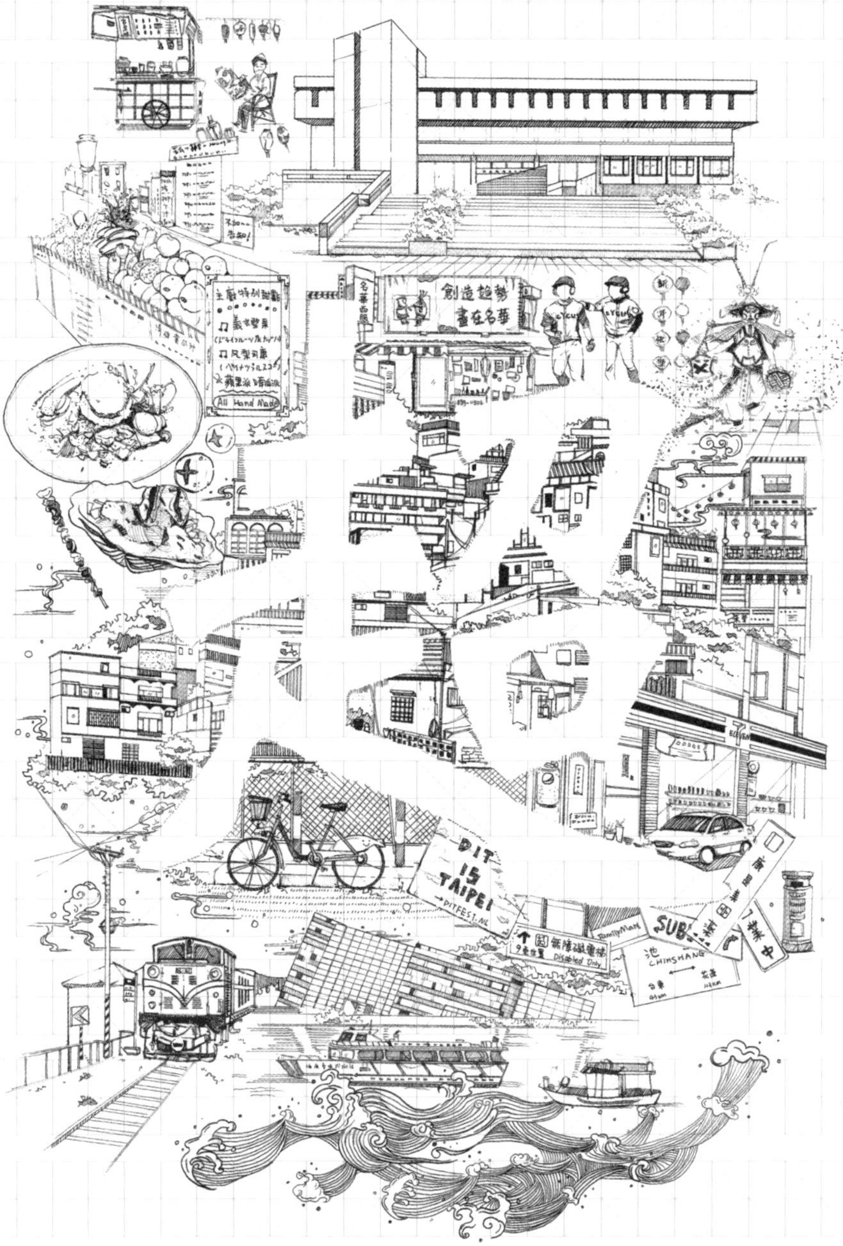
主廚特別甜點
All Hand Made
名華西服
創造趨勢
畫在名華
DIT 15 TAIPEI
DITFEST.NL
FamilyMart
SUB

133

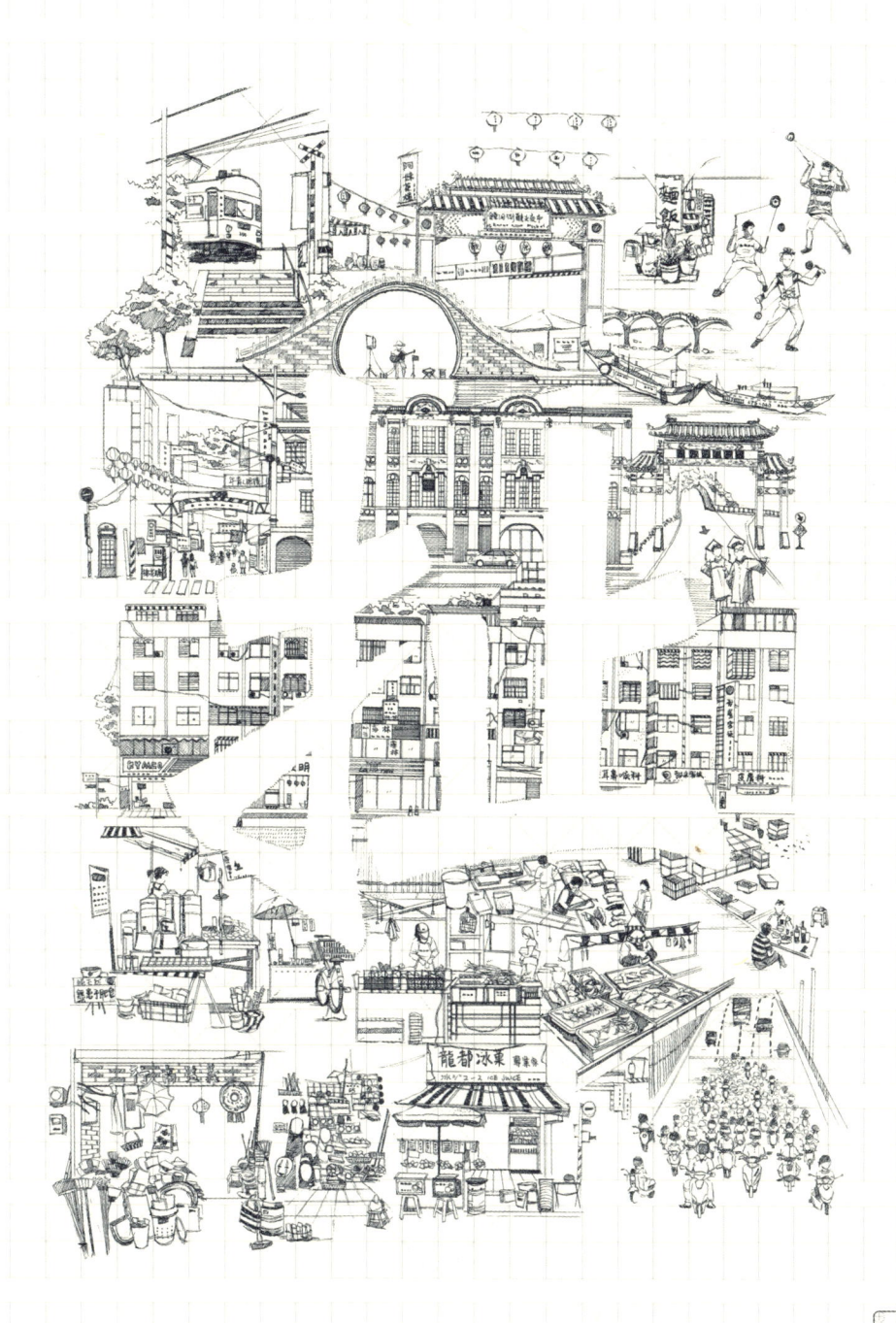

134

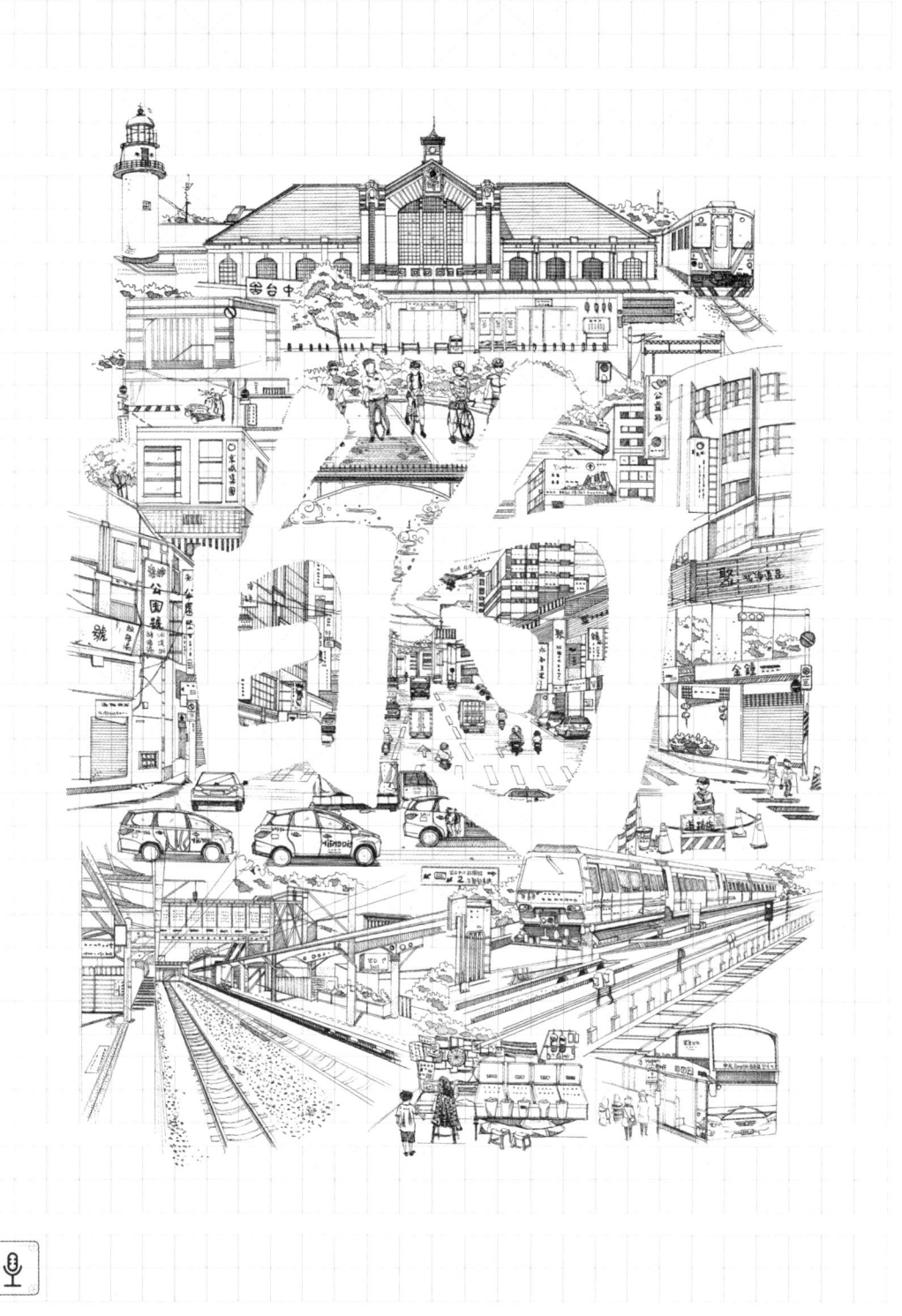

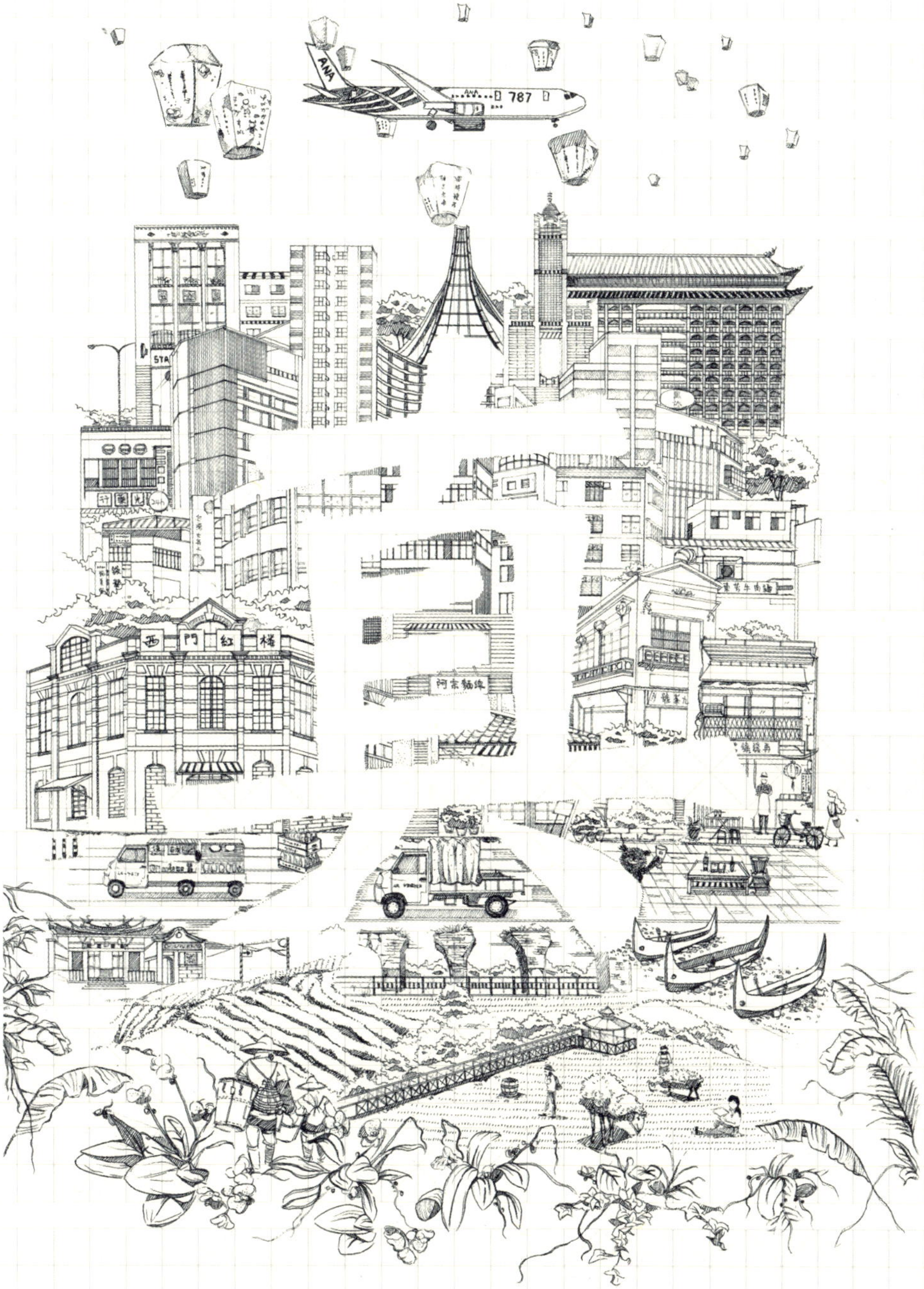
ANA
787
西 門 紅 樓

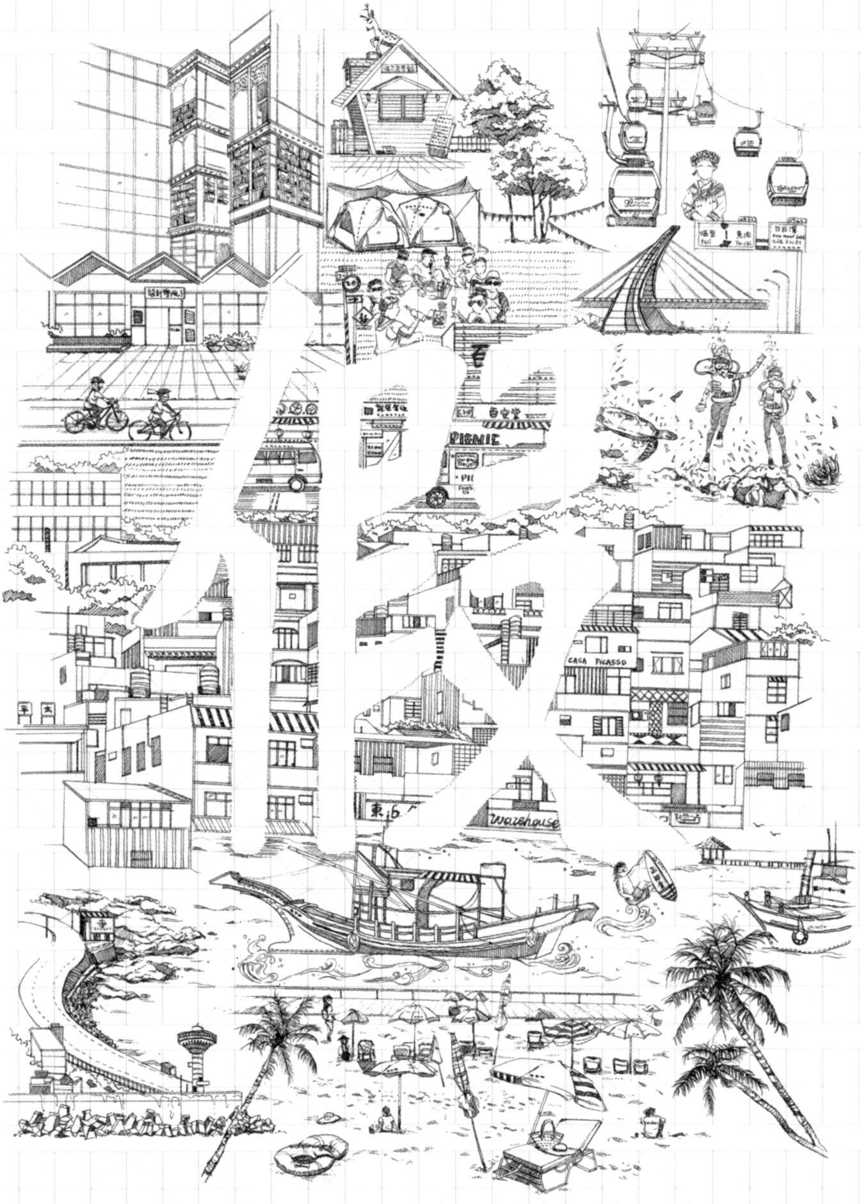
PICNIC
CASA PICASSO
warehouse

后记 陈历渝

城市，是建筑、阳光、空气、水的组合
生活，由食、衣、住、行、育、乐构成
记忆，是喜、怒、哀、乐与过往当下成就的历史

艺术家常用感性刻画
城市里的生活记忆
设计师爱用理性铺陈
记忆中的城市生活

《字绘台湾》是一个创新大胆的尝试
武汉的伙伴
用一股浪漫想象企图抓住理想宝岛
台湾的伙伴
以满腔情怀努力呈现真实台湾
也许就只是生活体验
也可能过于梦幻奇想
海峡两岸的距离
透过共同努力
爱拼才会赢
人、事、时、地、物
台湾活灵活现地出现
书上绘的是字
眼里看的是图
心中想象的是一种生活
城市、名胜、小吃、俚语

当中文不只是文字
当汉字不仅是象形
《字绘台湾》
用简洁文字与丰富图像
表达我们对台湾的感性想象

绘制团队：徐郑冰、陈历渝、沈娟

艺术顾问：许开强、周洁

副主编：王海文、何轩、李光慧

编委：李婷、朱辰、黄家昶、金晨晨、周全、程奇、阮晶、彭娅菲、赵营

作者团队：谢文哲、陈庭、官昱雯、姚瑶、陈颖诘、何锐、张欣怡、何小芹、张航、夏祖缘、江志意、段琰、陈宇涵、匡朝霞、杜樱豪、张钰晗、张晏榕、金丽、胡韩、张颖、王曼婷、张萌、李诚、陈罗、柴瑞婷、柯丁红、周雪、肖涵、唐景瑶、谢彩贤、陈凌萱、何兴萍、孔雅琪、孔雅珍、晏桃珧、刘珺颖、高鑫豪